KLÖSTER

W0087978

Elke Homburg war nach ihrem Studium der Germanistik und Philosophie in München zunächst als Studienreiseleiterin tätig. Sie arbeitet als freie Autorin, Journalistin und Redakteurin mit dem Schwerpunkt Kulturgeschichte.

Karin Lucke-Huss studierte Geographie, Soziologie und Psychologie in Erlangen. Sie leitet Studienreisen und schreibt Reiseführer.

KLÖSTER

Elke Homburg
und Karin Lucke-Huss

DUMONT

Impressum

Umschlagvorderseite von links nach rechts und von oben nach unten:
Mönch im Innenhof des Klosters Randa auf Mallorca / Kreuzgang der Abtei le Bec
Hellouin, Frankreich / Blumen im Innenhof der Abtei Fontfroide/ Der Klosterfriedhof in
Oberschönenfeld bei Augsburg / Die Bibliothek von Stift Zwettl, Österreich

Umschlagrückseite von links nach rechts:
Brunnenhaus im Kreuzgang von Stift Zwettl / Eine Benediktinerin aus dem Kloster
St. Hildegard in Rüdesheim bei der Weinernte

Frontispiz:
Den Klostergarten auf der Insel Frauenchiemsee überragt der Münsterturm.

Bibliographische Information der Deutschen Bibliothek:
Die Deutsche Bibliothek verzeichnet diese Publikation in der Deutschen Nationalbiblio-
graphie; detaillierte bibliographische Angaben sind im Internet über http://dnb.ddb.de
abrufbar.

Originalausgabe
© 2007 DuMont Literatur und Kunst Verlag, Köln
Alle Rechte vorbehalten
Druck: Rasch, Bramsche
Buchbinderische Verarbeitung: Bramscher Buchbinder Betriebe
Printed in Germany
ISBN 978-3-8321-7770-6

Inhalt

Vorwort 7

Anfänge des Klosterwesens

Die Mönche in der Wüste 9 Die ersten Klöster im Orient 11 Der heilige
Augustinus 13 Erste Klöster im Abendland 14 Irische Klöster und
irische Mission 16 Benedikt von Nursia und die Regula Benedicti 18
Ein Leben nach der Regel Benedikts 21 Die Verbreitung der Regel 26

Reformen des Klosterwesens im Mittelalter

Cluny und die cluniazensische Reform 30 Die Bautätigkeit in Cluny 33
Die Lothringer und die Hirsauer Reform 35 Die Bewegung der Zister-
zienser als Protest gegen Cluny 36 Neue Zeiten, bewegte Zeiten 40 Auf
ins Heilige Land 41 Die Mönchsritter 43 Der Schrei nach Reformen 46
Die Prediger des Dominikus 49 Klöster der Bettelorden 52
Exkurs: Frauen im Kloster 54

Krise des Klosterwesens: Reformation und Säkularisation

Nährboden der großen Krisen 58 Reformation 59 Säkularisation 64

Architektur der Klöster

Der Klosterplan von St. Gallen 69 Zisterzienserarchitektur 73 Klosterbauten – Lage und architektonische Besonderheiten 74
Exkurs: Höhepunkte der Klosterbaukunst 84

Leben im Kloster

Der Weg ins Kloster – Berufung und Gelübde 88 Tagesablauf im Kloster 90 Das Habit – die Ordenstracht 95 Die Mahlzeiten im Kloster 96
Ämter und Gruppierungen im Kloster 97

Bedeutung der Klöster durch die Jahrhunderte

Mission 100 Grundherrschaft – politische Macht 101 Kultivierung
Europas 102 Zentren des Kunsthandwerks 103 Liturgische Dienst-
leistungen – stellvertretendes Gebet 103 Pilgerwesen und Sozialfürsorge
104 Einsatz im bewaffneten Gotteskampf und politische Eigenstaatlich-
keit 105 Zentren des Wissens und der Bildung 106 Die Gegenwart 107

Inhalt

Die wichtigsten Orden von A – Z

Antoniter 108 Augustiner-Chorherren 110 Augustiner-Eremiten, Augustiner-Rekollekten, Augustiner-Barfüßer 111 Barmherzige Brüder vom hl. Johannes von Gott 113 Beginen 114 Benediktiner 116 Bettelorden 120 Birgitten 122 Chorherren und Chorfrauen 123 Deutscher Orden 125 Dominikaner 128 Dritte Orden 129 Englische Fräulein 130 *Exkurs*: Evangelische Orden – Kommunitäten 132 Franziskaner 136 Heilig-Geist-Orden 139 Hospitalorden 140 Jesuiten 140 Johanniter (Malteser) 142 Kamaldulenser 144 Kapuziner 145 Karmeliten 145 Kartäuser 148 Klarissen 150 Minoriten oder Franziskaner-Konventualen 151 Orthodoxes Mönchtum 151 Prämonstratenser 153 Ritterorden 156 Salesianer 157 Templer 158 Trappisten 160 Ursulinen 162 Zisterzienser 163

Klöster heute

Ein Leben für Gott 166 Beten und Business 167 Stille und Kontemplation 170 Kloster zum Schnuppern 171 Heilkunde der Mönche und Nonnen 172 Urlaub oder Fortbildung im Kloster 173 Kloster auf Zeit 174 Die Wahl des Ordens und des Klosters 179

Glossar 180
Adressen 182
Bildnachweis 187

Schnelllebigkeit kennzeichnet unsere moderne Kommunikations- und Leistungsgesellschaft. Gleichzeitig wünschen sich immer mehr Menschen innezuhalten und zu verschnaufen, zumindest für ein paar Tage oder Wochen eine Auszeit vom Alltag zu nehmen und sich ganz und gar auf sich selbst zu besinnen. Kein Wunder, dass Klöster als Stätten der Meditation und des Rückzugs eine Renaissance erleben.

Die Geschichte des Klosterwesens ist faszinierend. Obwohl die Gemeinschaft der Mönche und Nonnen zu allen Zeiten nur einen verschwindend geringen Anteil der Bevölkerung ausmachte, war ihr gesellschaftlicher Einfluss über viele Jahrhunderte immens. Heute kann man ohne Übertreibung feststellen, dass die Klöster des Mittelalters die Kultur des Abendlandes maßgeblich geprägt haben. Mönche und Nonnen missionierten und kultivierten Europa, sie erschlossen weite Landstriche und waren Träger von Lehre und Forschung.

Warum nahmen die ersten Mönche Abschied von der Welt? Wie entwickelten sich die Klöster zu Bildungszentren? Was hat es auf sich mit dem Geheimnis der Templer? Was unterscheidet die Bettelorden von den alten Mönchsorden? Welche Auswirkungen hatten Reformation und Säkularisation auf die Klöster? Der »Schnellkurs Klöster« möchte einen leicht lesbaren und dennoch fundierten Überblick über das christliche Klosterwesen geben, ausgehend von den Anfängen im Orient. Er erzählt vom großen Mönchsvater Benedikt von Nursia und der Regula Benedicti, von politischen wie wirtschafts- und sozialgeschichtlichen Hintergründen der Klosterbewegung, von Reformen und Verfallserscheinungen. Der Tagesablauf der Mönche und Nonnen wird ebenso erklärt wie die Architektur und die Funktionen der einzelnen Bauteile eines Klosters.

Ein zentrales Kapitel über Ordensgemeinschaften und Reformbewegungen stellt von A – Z alle bedeutenden Orden vor. Hier begegnet man großen Ordenspersönlichkeiten, hört aber genauso von den dunklen Seiten des Ordenslebens, von Kreuzrittertum und Inquisition.

Der »Schnellkurs Klöster« will aber auch neugierig machen auf Klöster heute und Lust machen, das ein oder andere Kloster zu erkunden. Der Wandel der Zeiten hat vor Klöstern nicht halt gemacht. Mönche und Nonnen mussten kreativ werden, um ihren Unterhalt zu sichern. So wurden das »Kloster auf Zeit« oder »Urlaub im Kloster« erfunden und Klostergaststätten und Klostergärten locken mehr und mehr Besucher. Der ausführliche Anhang enthält deshalb auch eine umfangreiche Adressenliste von besuchenswerten Klöstern im deutschsprachigen Raum.

Elke Homburg und Karin Lucke-Huss, März 2007

313
Toleranzedikt von Mailand: Christen werden offiziell geduldet

320
Pachomius gründet das erste christliche Kloster in Ägypten

330
Konstantin der Große gründet Konstantinopel

375
Beginn der Völkerwanderung

380
Theodosius I. erklärt das Christentum zur Staatsreligion im Römischen Reich

410
Die Goten unter Alarich plündern Rom

476
Ende des weströmischen Reiches

482–511
Chlodwig I. begründet das merowingische Frankenreich

493–526
Theoderich der Große herrscht über das ostgotische Italien

527–565
Justinian I. herrscht über Ostrom

529
Justinian schließt die philosophische Akademie in Athen und Benedikt von Nursia gründet das Kloster Montecassino

568
Mit dem Einfall der Langobarden in Italien endet die Völkerwanderung

590
Gregor der Große wird Papst

Mehr als dreihundert Jahre lang war es lebensgefährlich gewesen, sich zum Christentum zu bekennen. Verfolgungswellen hatten den Anhängern der jungen Religion das Leben schwer gemacht, Märtyrer ihren Glauben mit dem Tod bezahlt. Unter den toleranten Herrschern des 2. Jahrhunderts waren die Christen aus den Katakomben emporgetaucht, mussten aber im 3. und frühen 4. Jahrhundert unter Diokletian (303–311) noch viel erleiden, bevor das Toleranzedikt von Mailand (313) den Christen die freie Ausübung ihres Glaubens sicherte. Im Jahr 326 erklärte Kaiser Konstantin der Große (288–337) das Christentum zur allgemein anerkannten Glaubenslehre. Kein Anhänger Christi musste fortan seiner Überzeugung wegen sterben.

Doch nicht alle Gläubigen atmeten auf. Plötzlich war das christliche Bekenntnis bequem geworden. Wie sollte man nun die Inbrunst des eigenen Glaubens beweisen? Führte der Weg zu Gott über Askese und radikale Abkehr von der Welt in der Einsamkeit der Wüste? Schon lange vor Christi Geburt hatte es Menschen gegeben, die sich von der Welt lossagten: Buddha ging im 5. Jh. v. Chr. den Weg des Asketen und auch einige Propheten des Alten Testamentes suchten in der Wüste Ruhe und Einsamkeit. Jesus selbst war zwar weder Eremit noch Asket gewesen, doch von seinen Anhängern hatte er den radikalen Bruch mit der Vergangenheit verlangt, wie in den Evangelien des Lukas (14, 26) und Matthäus (10,37–39) nachzulesen ist: »Wer Vater oder Mutter mehr liebt als mich, ist meiner nicht würdig, und wer Sohn oder Tochter mehr liebt als mich, ist meiner nicht würdig. Und wer nicht sein Kreuz auf sich nimmt und mir nachfolgt, ist meiner nicht würdig. Und wer das Leben gewinnen will, wird es verlieren; wer aber das Leben um meinetwillen verliert, wird es gewinnen.«

Inspiriert von diesen Worten verließen Christen in Ägypten, Palästina, Syrien und Kleinasien ihre Familien, verschenkten ihren Besitz an Arme und zogen sich in die Wüste zurück, um fortan ganz für ihren

Glauben zu leben und Gott zu dienen. Das deutsche Wort »Mönch« leitet sich ab vom griechischen *mónos* (»allein«) und steht für Menschen, die außerhalb der Gesellschaft leben. So wurde der Orient zur Heimat des christlichen Mönchtums.

Die Mönche in der Wüste

Zunächst war das Mönchtum von Individualismus geprägt. Viele der Eremiten kasteiten sich zusätzlich durch Bußübungen: Sie gelobten ewiges Schweigen, vernachlässigten ihren Körper, bis sie Tieren glichen, legten schwere Eisenketten an oder setzten sich übertriebenem Fasten aus – gemäß der Überzeugung, dass die Kasteiung des Körpers die Seele reinige und frei mache für Gott.

Als Vater der Eremitenbewegung gilt der hl. Antonius (um 250–356 n. Chr.), dessen Leben uns durch seinen Biografen Athanasius von Alexandrien überliefert ist. Antonius wurde in Kome (Mittelägypten) geboren. Als er etwa 20 Jahre alt war, starben seine Eltern und beim Begräbnis trafen ihn in der Kirche die Bibelworte »Willst du vollkommen sein, so gehe hin, verkaufe was du hast, und gib's den Armen; so wirst du einen Schatz im Himmel haben; und komm und folge mir nach!« (Matthäus 19,21) bis ins Mark. Er verschenkte seinen Besitz, gab die jüngere Schwester in die Obhut einer christlichen Jungfrauengemeinschaft und zog ans Ostufer des Nils, um die nächsten 80 Jahre seines Lebens in der Einsamkeit der Wüste zu verbringen. Immer wieder musste er Versuchungen widerstehen: So erschien ihm in seinen Visionen der Teufel in menschlicher Gestalt – als schwarzer Knabe oder verführerische Frau –, um ihn zur Unzucht zu verführen, aber auch in Gestalt von dämonischen Bestien, um ihn körperlich zu quälen. Antonius bemüht sich, durch

632
Tod Mohammeds und Beginn der islamischen Expansion
Ab 716
Missionsreisen des Bonifatius
771–814
Karl der Große regiert das Frankenreich
800
Kaiserkrönung Karls
816
Die Benediktregel wird verbindlich für alle Klöster im Frankenreich

Hieronymus Bosch, Die Versuchung des hl. Antonius, 1462–68

Eremitenklausen aus dem 3. Jahrhundert im Tal von Göreme, Kappadokien.

verstärktes Gebet und Fasten die inneren Dämonen zu besiegen. Viermal in der Woche nahm er keinerlei Nahrung zu sich, an den übrigen Tagen begnügte er sich mit Brot, Salz und Wasser. Er schlief auf der nackten Erde und verkürzte den Schlaf durch häufige Nachtwachen.

Mit Gottes Hilfe ging Antonius siegreich aus dem Kampf gegen alle Versuchungen hervor und bald zog der charismatische Einsiedler mehr und mehr junge Männer an, die seine Nähe und seine Unterweisung suchten. Sie alle verdienten ihren bescheidenen Lebensunterhalt durch das Flechten von Matten, Körben oder Seilen. Die körperliche Arbeit sollte die Einsiedler auch vor der gefürchteten Krankheit der Mönche bewahren – der Melancholie. Antonius schätzte den Rhythmus von Gebet und Arbeit, der später in der Regel des hl. Benedikt noch eine große Rolle spielen sollte. Auch Hilfsbedürftige und Priester, ja sogar Kaiser Konstantin und seine Söhne, suchten fortan den Rat des Antonius, dem man die Heilung Kranker, die Versöhnung Streitender und die Austreibung zahlloser Dämonen nachsagte. Der Prophet Gottes erreichte das wahrhaft biblische Alter von rund 105 Jahren.

Eine eremitische Massenbewegung erfasste den Orient. Gegen Mitte des 4. Jahrhunderts machten syrische Asketen von sich reden, besonders die Styliten oder Säulenheiligen, die ihr karges Leben bei Wind und Wetter auf dem Kapitell einer Säule verbrachten. Symeon der Ältere (um 390–459) soll über dreißig Jahre lang auf einer neun Meter hohen Säule gestanden haben. Schon zu seinen Lebzeiten zog sein Standort Wallfahrer an und nach dem Tod des Asketen erinnerte eine stattliche Kirche an Symeon. Im 5. und 6. Jahrhundert erlebte das Eremitentum in Palästina seine höchste Blüte, bevor es zugunsten von Mönchsgemeinschaften an Bedeutung verlor.

Antonius hatte keinen Orden gegründet und keine Ordensregel verfasst, dennoch beeinflusste er ganz wesentlich die weitere Entwicklung des Mönchtums und die Bildung von Mönchsgemeinschaften.

> **Die Versuchungen des hl. Antonius**
> Das Thema der Versuchungen und Peinigungen des hl. Antonius wurde ab dem Mittelalter zu einem Standardmotiv in der bildenden Kunst Europas. Besonders eindringlich schildert Matthias Grünewalds Isenheimer Altar (1512/14), der heute in Colmar steht, den Kampf des Antonius: Gruselige Dämonen in Tiergestalt fallen über den Eremiten her, bis er wie tot am Boden liegt. Aber auch Hieronymus Bosch (um 1450–1516) oder die Surrealisten Max Ernst (1891–1976) und Salvador Dalí (1904–1989) ließen sich von dem Thema inspirieren.

Die ersten Klöster im Orient

Das Eremitentum war zum Modetrend geworden, aber nicht jedermann war zum Einsiedler geboren und nach und nach erkannten viele der Gottessucher, dass Einsamkeit und endlose Muße nicht immer den inneren Frieden brachten, sondern häufig Schwermut. So entstanden Gemeinschaften von Asketen unter einheitlicher Leitung und frühe klösterliche Siedlungen. Den Schritt zum ersten Kloster vollzog **Pachomius** (um 290–346), der als erster das ungeregelte Leben in der Einsamkeit durch das geregelte Leben in der Gemeinschaft ersetzte und als Vater des ägyptischen Mönchtums gilt. Der Spross einer Bauernfamilie kam als Soldat mit Christen in Kontakt, ließ sich taufen und wurde Schüler eines Eremiten. Er erkannte jedoch, dass er nicht zum Einsiedlerleben geboren war und gründete um 320 das erste Kloster, in dem er Eremiten zu einem gemein-

Das Paulus-Kloster am Roten Meer, gegründet im 5. Jahrhundert, eines der ältesten baulichen Zeugnisse der Mönchskultur.

samen Leben (Koinobitentum im Gegensatz zum Eremitentum) zusammenführte und der Gemeinschaft Regeln für Gebet und Arbeit gab. Aus diesen ersten Ordnungen für das Gemeinschaftsleben der Mönche, die nun streng genommen gar keine Mönche im Sinne von »allein Lebenden« mehr waren, entwickelten sich nach und nach die Mönchsorden. Und mit der Zeit wurde das Zusammenleben mehrerer Gottessuchender an einem abgeschlossenen Ort, den man Kloster nannte (von lat. *claustrum*), zu einem wesentlichen Element des Mönchtums.

Mehr als zehntausend Mönche und Nonnen, viele davon aus bildungsfernen Schichten der Bevölkerung, soll Pachomius zuletzt in zwölf Männer- und zwei Frauenklöstern um sich geschart haben. Ins Kloster eintreten konnte jeder, der bereit war, sein Eigentum zu verschenken und sich der einfachen Lebensweise anzupassen. Außerdem musste man Grundkenntnisse in der christlichen Glaubenslehre nachweisen. Jedes Kloster hatte den Charakter eines Dorfes, denn Mönche und Nonnen lebten in eigenen kleinen Häusern und trafen sich zu den Mahlzeiten im Speisesaal und zweimal täglich zum Gebet in der Kapelle, ansonsten beteten und meditierten sie im eigenen Haus. Alle Mitglieder der Klostergemeinschaften waren Laien, die nach der Klosterregel lebten und einem Abt zu Gehorsam verpflichtet waren. Auch blieben Mönche und Nonnen, nachdem sie eine Probezeit absolviert und sich zu Disziplin und Gehorsam verpflichtet hatten, ein und demselben Kloster ein Leben lang treu. Damit nahm Pachomius die *stabilitas loci*, die

Ortsgebundenheit, die Benedikt von Nursia später zu einem wichtigen Element seiner Regel erhob, hier bereits vorweg. In Klosterschulen wurde Lesen und Schreiben unterrichtet, in Werkstätten alles für den täglichen Gebrauch hergestellt und auf den Feldern wurde Anbau betrieben.

Viele Elemente des mittelalterlichen Klosterlebens waren hier bereits verwirklicht – die strikte Abtrennung des Klosterbereichs von der Außenwelt, das Nebeneinander von Gebet und Arbeit, das Bekenntnis zur Armut und die Gleichstellung der Brüder, die nach außen durch Kleidung, Verpflegung und Regeln demonstriert wurde. Anders als spätere Klöster waren diese frühen Gemeinschaften reine Laienklöster ohne Priester.

Der heilige Augustinus

Wichtige Förderer des Mönchtums wurden die Kirchenväter Ambrosius, Bischof von Mailand, und der Priester, Bibelübersetzer und Kirchenlehrer Hieronymus, vor allem aber der **hl. Augustinus** (354–430), Bischof von Hippo Regius in Nordafrika. Er verfasste Ende des 4. Jahrhunderts die erste abendländische Mönchsregel, die nach der Eroberung Afrikas durch die Vandalen von flüchtenden Mönchen nach Italien, Spanien und Frankreich gebracht wurde und viele Elemente der späteren Benediktregel vorwegnahm. Bis heute lebt sie als Augustinerregel fort und erfreute sich durch die Jahrhunderte großer Popularität – vielleicht weil Augustinus auf asketische Vorschriften und strenge Strafen verzichtete und Mönchen und Nonnen viel Raum für persönliche Freiheiten ließ. So gestand er Mönchen aus

Der hl. Augustinus, Deckenfresko, Venedig, 14. Jh.

wohlhabenden Schichten ein Mehr an Bequemlichkeit zu, da ihr Verzicht durch den Eintritt ins Kloster größer war als der Verzicht von Menschen aus unteren Gesellschaftsschichten oder gar Sklaven. Er verlangte lediglich den Verzicht auf persönliche Besitztümer und dass Ordensmitglieder sich dem Gebet, den Studien und der Arbeit widmen sollten.

Über hundert Orden und Gemeinschaften haben die Augustinerregel zumindest teilweise übernommen, so die Augustiner-Chorherren oder die Augustiner-Eremiten, denen auch Martin Luther angehörte, die Prämonstratenser, Dominikaner und mehrere Ritterorden wie die Johanniter, Malteser oder Ritter des Deutschen Ordens. Besonders gern wählten Frauenorden die im Vergleich zur Benediktregel weniger asketische Augustinerregel.

Doch Augustinus war kein reiner Theoretiker. Eines seiner Bücher wurde zu einem Bestseller der Spätantike: »Unruhig ist unser Herz, bis es ruht in dir«, diese Worte findet man am Anfang der »Bekenntnisse«, in denen Augustinus die Geschichte seiner eigenen Bekehrung erzählt, ergänzt durch philosophische Betrachtungen.

Erste Klöster im Abendland

Auch in weiten Teilen des Abendlandes fanden sich derweil Mönche in klosterähnlichen Gemeinschaften zusammen. Wer kennt nicht die Legende vom hl. Martin, der seinen Mantel mit einem Bettler teilte? Ihm zu Ehren feiern Katholiken noch heute das Martinsfest, doch wenige wissen, dass **Martin von Tours** (316/317–397) ganz wesentlich das Mönchtum in Gallien prägte. Geboren in Ungarn als Sohn eines römischen Offiziers, kam Martin als Soldat nach Gallien, ließ sich im Alter von 20 Jahren taufen, gründete zunächst eine Einsiedelei und wurde 372 zum Bischof von Tours gewählt. In der Nähe seiner Bischofsresidenz gründete er ein Kloster, aus dem sich später das Benediktinerkloster Marmoutier entwickelte. Martins Biografie beschreibt das Leben in der Gemeinschaft, das

Jean Fouquet,
Der hl. Martin teilt
seinen Mantel,
1452–60.

eremitische und koinobitische Elemente vereinte.
Die Mönche lebten in einem kleinen Häuschen oder
in Höhlen und während die Ältesten der Gemeinschaft sich ausschließlich Gebet und Meditation widmeten, kopierten die jüngeren Brüder Bücher – eine
Kunstfertigkeit, die in den Benediktinerklöstern des
Mittelalters ihre höchste Blüte erreichen sollte. Man
traf sich zu den Mahlzeiten und zum gemeinsamen
Gebet.

Auf der Insel Lérins, westlich von Cannes, ent-
stand um 400 ein Kloster mit einer entscheidenden
Neuerung – dem Dormitorium. Der gemeinsame
Schlafsaal für alle Mönche sollte bald in den meisten
Mönchsorden die Einzelzellen ersetzen.

Die Klosterregel ähnelte der späteren Regel des
hl. Benedikt und der Gebetsdienst nahm mehr
Raum ein als in früheren Mönchsgemeinschaften.
Auch die Organisation des Klosterlebens war weg-
weisend: Die Mönche waren zeitlebens an ein Kloster gebunden und ein Abt stand dem Kloster vor, der
vom Prior vertreten werden konnte.

Irische Klöster und irische Mission

In Irland hatte die Lehre Christi, verbreitet vom **hl. Patrick** (um 389–461), dem Pionier des irischen Mönchtums, ein überraschendes Echo gefunden. Unbeeindruckt von den Wirren der Welt– und Kirchenpolitik anderswo schossen am Rande der damals bekannten Welt Klöster wie Pilze aus dem Boden und entwickelten sich zu beeindruckenden Zentren des Christentums. Große Teile der Bevölkerung müssen damals in die Klöster gezogen sein, denn Mönchssiedlungen mit mehr als 3000 Bewohnern waren keine Seltenheit. Und weil einige der irischen Mönche die Priesterweihe empfangen hatten, wurden in den Kirchen der Klöster auch Gläubige von außerhalb zum Gottesdienst empfangen. Die Architektur war bescheiden und meist lebten die Mönche in einfachen Hütten aus Feldsteinen, von denen wenige die Zeiten überdauerten. Nur vereinzelte Ruinen, Rundtürme und Steinkreuze erinnern heute an die große Zeit des altirischen Klosterwesens.

Besonders asketische Strenge prägte das Leben in den irischen Klöstern. Bußübungen spielten eine große Rolle und in Bußbüchern war ein umfangreiches Sühneregister aufgeführt. Strenges Fasten, wenig Schlaf, aber auch Auspeitschungen gehörten zu den Disziplinierungsmaßnahmen. In einigen Klöstern verzichtete man gar auf Zugvieh und die Mönche selbst spannten sich vor den Pflug, um die Äcker urbar zu machen.

Hinter bescheidenen Klostermauern blühten aber trotz aller Strenge auch Bildung und Kunst. In den Klosterschulen wurden Rhetorik, Grammatik und Dialektik, aber ebenso Arithmetik, Geometrie, Astronomie

Die Mönche Kolumban und Gallus überqueren den Bodensee, Miniatur von 145.

Ein Kloster in Irland – Glendalough
Die Klosterruine Glendalough liegt inmitten der Wicklow Mountains, etwa 40 km südlich von Dublin. Der Legende nach zog sich der hl. Kevin im 6. Jahrhundert hierher zurück. Er suchte Ruhe und Einsamkeit, aber schon bald entwickelte sich seine Eremitenklause zu einem belebten Zentrum des irischen Christentums. Im 12. Jahrhundert sollen im Tal mehr als 3000 Menschen gelebt haben, die in sieben Kirchen dem Gottesdienst beiwohnen konnten. Auffällig ist der 33 m hohe Rundturm, der zum Schutz von Reliquien und kostbaren Büchern errichtet wurde.

Glendalough, die irische Klostersiedlung aus dem 6. Jh.

und Musik und natürlich Latein gelehrt. Irische Mönche schufen außerdem in den Skriptorien, den Schreibstuben, Meisterwerke der Buchkunst wie das »Book of Kells«.

Eine weitere Besonderheit des irischen Mönchslebens war der Drang zur Mission. War ein Kennzeichen der Benediktiner später die feste Bindung an das Heimatkloster, so war ein Kennzeichen der irischen Mönche ihre ungewöhnliche Reiselust. Ganze Mönchsgruppen verließen die grüne Insel, landeten in Gallien und zogen von dort aus weiter entlang der großen Pilgerstraßen. Überall traf man auf irische Mönche, die maßgeblich die Christianisierung weiter Gebiete im heutigen Deutschland und Frankreich vorantrieben.

Kolumban (um 543–615) genoss die Gastfreundschaft am merowingischen Hof und König Theoderich unterstützte den irischen Missionar beim Bau eindrucksvoller Klöster wie Luxeuil oder Fontaine in den Vogesen. Der gestrenge Mönch schuf eine Klosterregel, die die asketische Strenge des irischen Mönchtums verdeutlicht: Nur am Sonntag durften sich die Mönche waschen; täglich mussten 64 Psalmen gebetet werden (im Vergleich zu 39 Psalmen laut Benediktinerregel); weder Fleisch noch Wein standen auf dem Speiseplan.

Auf leichte Verfehlungen folgten strenge Strafen. So heißt es im Kapitel 9 seiner »Regel vom gemeinsamen Leben«: »Wer unnütz redet, soll zum Schweigen zwischen zwei aufeinanderfolgenden Gebetszeiten verurteilt werden oder zu zwölf Stockschlägen«. Der sittenstrenge Kolumban zögerte auch nicht, sich in das Privatleben des Königs einzumischen und Theoderich, der mit einer Konkubine zusammenlebte, wegen seines unmoralischen Lebens zu tadeln. Als Kolumban sogar drohte, den Merowinger zu exkommunizieren, endete jedoch dessen Gastfreundschaft und der irische Glaubenseiferer wurde vertrieben.

Benedikt von Nursia und die Regula Benedicti

Im April 2005 wurde der deutsche Kurienkardinal Joseph Ratzinger zum Papst gewählt. Dass er den Namen Benedikt wählte, überraschte viele. Mit seiner Namenswahl nahm er Bezug auf Papst Benedikt XV., der in der schwierigen Zeit kurz nach Ausbruch des Ersten Weltkrieges bis Anfang 1922 das Papstamt innehatte und als überzeugter, aber letztlich unglücklicher Kämpfer für den Frieden auftrat. Gleichzeitig verwies

Benedikt übergibt Christus seine Mönchsregel, Detail aus einer Buchmalerei, um 1030.

Benedikt XVI. auf den Vater des abendländischen Mönchtums – Benedikt von Nursia (um 480–547).

Wer war der Mann, nach dessen Klosterregel noch heute Tausende Mönche und Nonnen leben und den Papst Paul VI. 1964 zum »Schutzpatron Europas« erklärte? Alles, was wir heute über Benedikt von Nursia wissen, stammt aus der Feder eines Bewunderers: Etwa 50 Jahre nach dem Tod des Heiligen schrieb **Papst Gregor der Große** (540–604) in seinem vierbändigen Werk »Dialoge« die Lebensgeschichte des Mannes aus Nursia nieder. Gregor war kein kritischer Biograf nach heutigem Verständnis. Ihm ging es in erster Linie darum, seinen Landsleuten durch das Leben des Mönchsvaters ein Vorbild zu geben, und so verquicken sich sicher an mancher Stelle Historie und Legende.

Benedikt (lat. »der Gesegnete«) wurde um 480 als Sohn wohlhabender Eltern im Hochtal von Nursia (heute Norcia, Umbrien) geboren. Die Zeiten waren bewegt: Das Weströmische Reich war zusammengebrochen und mit ihm die alten Werte. Germanische Stämme fegten über Europa hinweg, Rom war geplündert worden, der Kaiserhof nach Konstantinopel umgezogen und die einst strahlende Metropole am Tiber zur Provinzstadt hinabgesunken. Untergangsstimmung machte sich breit. Nicht zuletzt deshalb führten viele Römer ein ausschweifendes Leben, in dem es für Gottesdienst keinen Platz zu geben schien. Benedikt begann ein Studium in Rom, doch die Laster der Großstadt, das sinnenfrohe Studentenleben und die graue Theorie der akademischen Bildung behagten dem ernsthaften jungen Mann nicht. Der leidenschaftliche Gottessucher brach das Studium ab und schloss sich einer Eremitengemeinschaft im Tal des Anio, südlich von Rom,

Das Kloster Montecassino, Darstellung aus der »Schedelschen Weltchronik«, 1493.

Die Gründung von Montecassino

Dann zog Benedikt mit einigen Gefährten auf einen hohen Berg namens Cassinus. Auf ihm stand ein uraltes Heiligtum, in dem das einfache Volk den Gott Apollo nach alter heidnischer Sitte verehrte [...] Als der Mann Gottes dahin kam, zerschlug er das Götzenbild, zerstörte den Altar und steckte die Haine in Brand. Den Apollotempel aber verwandelte er in eine Kirche. Darauf wandte er sich an das umliegende Volk und bekehrte es durch unablässige Predigt zum Glauben.

Aus: Gregor der Große, Dialoge

an. Doch auch dort vermisste er Strenge und Ernsthaftigkeit. Folgerichtig führte Benedikts weiterer Weg in die völlige Weltabgeschiedenheit. Im wilden, zerklüfteten Bergtal von Subiaco fand er Unterschlupf in einer Höhle. Er lebte von den Beeren und Kräutern des Waldes, Gebet und Meditation füllten seine Tage aus. Die »Dämonen«, die schon den hl. Antonius heimgesucht hatten, verschonten auch Benedikt nicht. Schon schienen die sinnlichen Verlockungen zu siegen, als sein Blick auf ein Gebüsch aus Dornen und Brennnesseln fiel: Nackt wälzte er sich darin, bis der wilde Schmerz jede Begierde übertönte.

So hatte Benedikt die Gelüste des Körpers besiegt, doch mehr und mehr stellte er sein Leben als Einsiedler in Frage. Als Mönche eines nahen Klosters ihn fragten, ob er die Nachfolge des verstorbenen Abtes antreten wolle, nahm er das Angebot an. Doch bald kam es zu Spannungen: Benedikt verlangte strenge Disziplin von seinen Mönchen und traf auf Widerstand. Nur knapp entging er einem Giftanschlag und verließ schleunigst die mörderische Gemeinschaft.

Es war Zeit, ein eigenes Kloster zu gründen. Benedikt war inzwischen ein reifer Mann von rund 50 Jahren und sah endlich sein Ziel klar vor Augen. Mit Anhängern zog er 529 zum Monte Cassino und erbaute auf dem Hügel hoch über der antiken Stadt Casinum, zwischen Rom und Neapel, ein neues Kloster mit Kirche, Mönchsunterkünften, Werkstätten, Vorratshäusern und Ställen, das er mit einer Mauer umgab. Es wurde zur Keimzelle des abendländischen Mönchtums.

Im Jahr der Gründung des Klosters Montecassino hatte Kaiser Justinian in Athen die berühmte Philosophenschule, die Platon einst gegründet hatte, geschlossen. War es Zufall oder Schicksal, dass mit dem ersten Benediktinerkloster gleichzeitig ein neues Zentrum europäischer Bildung entstand? Europa befand sich an der Schwelle von der Antike zum Mittelalter und das antike Wissen hatte seine Vormachtstellung verloren – zugunsten der Lehre des Christentums.

Ein Leben nach der Regel Benedikts

Bereits vor Benedikt hatten Mönche erkannt, dass eine größere Gemeinschaft, die über längere Zeit friedlich zusammenleben möchte, klare Regeln benötigt. Insgesamt entstanden zwischen 400 und 700 wohl an die 30 Mönchsregeln. Die »Regula Sancti Bendicti« aus der Feder Benedikts von Nursia, die in 73 Kapiteln das Klosterleben regelte, war zunächst eine unter vielen Regeln. So war die Regula Magistri, die »Regel des Meisters«, aus der Feder eines anonymen Autors, vor der Benediktregel entstanden und nimmt viel von ihr vorweg. In aller Ausführlichkeit legt sie jede Einzelheit des mönchischen Lebens fest. Benedikt schuf – sicher auf der Basis älterer Regeln – eine knappe, übersichtliche und flexible Regel, die erst lange nach dem Tod des Schöpfers wahrhaft abendländische Bedeutung erlangte. Sie hat – dank der Vermittlung durch Papst Gregor den Großen – bis in die heutige Zeit überlebt und ihren Schöpfer unsterblich gemacht.

Im Zentrum der Regel steht bei Benedikt der Abt (hebr. *abba*, »Vater«): Er ist verantwortlich für die Leitung des Klosters und sorgt wie ein Vater für die Mönche. Benedikt sah ihn als Stellvertreter Christi im Kloster und stattete ihn mit einer gewissen Macht aus, ermahnte ihn aber gleichzeitig, diese nicht zu missbrauchen und verantwortungsvoll zu handeln.

Wer sich entschloss, der Gemeinschaft der

Aus der Regel des hl. Benedikt

48. Kapitel (Von der täglichen Handarbeit)

Müßiggang ist der Feind der Seele. Deshalb müssen sich die Brüder zu bestimmten Zeiten der Handarbeit und zu bestimmten Zeiten wiederum der Lesung göttlicher Dinge widmen (…). Während der Fastenzeit widmen sie sich von frühmorgens bis zum Ende der dritten Stunde ihren Lesungen, und dann befassen sie sich bis zum Ende der zehnten Stunde mit der ihnen angewiesenen Arbeit. Für diese Tage der Fastenzeit erhalte jeder ein Buch aus der Bibliothek, das er von Anfang an ganz lesen soll. Diese Bücher sind bei Beginn der Fastenzeit auszuteilen. Vor allem aber sollen einer oder zwei ältere Brüder bestimmt werden, die zu der für die Lesung bestimmten Zeit herumgehen. Sie sollen nachsehen, ob sich nicht vielleicht ein träger Bruder finde, der seine Zeit durch Müßiggang oder Geschwätz verliert, anstatt eifrig zu lesen. Aus: Die großen Ordensregeln, hg. von Hans-Urs von Balthasar (Übersetzung von P. Franz Faessler), Einsiedeln/Zürich/Köln 1948

Gregor der Große mit seinem Schreiber, Titelminiatur aus einer illustrierten Ausgabe der »Dialoge«, Ende des 12. Jh.

Benediktiner beizutreten, durchlief zunächst ein Probejahr (Noviziat), um das Leben im Kloster kennenzulernen und sich zu prüfen. Blieb er bei seinem Entschluss, legte er ein Gelübde ab und gelobte schriftlich, fortan in Armut, Keuschheit und Demut zu leben. Gleichzeitig entschloss er sich für ein Leben hinter Klostermauern. Waren die irischen Mönche häufig auf Missionsreisen unterwegs, so schätzte Benedikt die Unstetigkeit der Wandermönche nicht. Wichtig war ihm die *stabilitas loci*, die Ortsbeständigkeit. Der Benediktinermönch band sich ein Leben lang an ein Kloster und ohne Einwilligung des Abtes durften die Mönche fortan das Kloster nicht mehr verlassen. Die Klostergemeinschaft betrachtete Benedikt als große Familie und lehnte deshalb Massenklöster ab. In Montecassino sollen nicht mehr als etwa 150 Mönche gelebt haben.

Waren die Klöster bisher Laienklöster gewesen, so erlaubte Benedikt nun auch Priester unter den Mönchen und stellte sich der Priesterweihe einzelner Mönche nicht mehr entgegen. Dies geschah wohl, um der Gemeinschaft größere Unabhängigkeit zu sichern, denn nun konnte man auf den Kirchgang zur nächsten Gemeinde verzichten und den Gottesdienst innerhalb der Klostermauern feiern.

Die 73 Kapitel der »Regula Benedicti« ordnen alle Fragen des klösterlichen Gemeinschaftslebens, der Ämter und des Gottesdienstes. Der hl. Augustinus hatte bereits bestimmten Stunden des Tages Gebete zugeordnet. Benedikt ging einen Schritt weiter und schrieb den gesamten Tagesablauf, die Zeiten für die drei Grundpfeiler des Mönchslebens – *opus dei* (Gottesdienst), *labor manum* (Handarbeit) und *lectio divina* (Studium, geistliche Lesung) – genauestens vor. Gegliedert wurde der Tag durch den Gottesdienst. Neben der täglichen Messe war das Stundengebet für die Benediktiner wesentlich und bestimmte einen großen Teil des Gemeinschaftslebens. Die Regel Benedikts schrieb acht Gebetszeiten vor: Nachts erhob man sich erstmals (Vigil); zum Morgenlob (Laudes) in den frühen Morgenstunden stimmte man erneut Gebet und Chorgesang an; die Arbeit wurde durch Prim, Terz, Sext und Non unterbrochen; die Vesper feierte man vor Einbruch der Dunkelheit und das kirchliche Abendgebet (Komplet) beschloss den Tag. Innerhalb einer Woche sollen alle 150 Psalmen des Alten Testamentes gebetet oder gesungen werden. Zählt man die Zeit für die geistliche Lesung und die Feier der Eucharistie, Danksagung oder Abendmahl hinzu, verbrachte ein Mönch die Hälfte des Tages im Gebet. Diese Vorgaben strukturieren den Tagesablauf der meisten Benediktinerklöster bis heute – wenn auch in gemäßigter Form.

Auch außerhalb der Gebetszeiten blühte das Gemeinschaftsleben: Man speiste gemeinsam im Refektorium und verbrachte die Nachtruhe Seite an Seite im Dormitorium. In mancher schweren Stunde tröstete die Gesellschaft der Brüder und gleichzeitig garantierte die Gemeinschaft permanente Kontrolle des Einzelnen.

Gleichberechtigt trat neben das Gebet die Arbeit. *Ora et labora* (bete und arbeite), verlangte Benedikt von seinen Mönchen. Wortwörtlich findet sich der berühmte Satz nirgendwo in seiner Regel, aber die knappe Formel bringt einen entscheidenden Grundsatz seines Denkens auf den Punkt. Wichtig war Benedikt die ausgewogene Mischung aus *meditatio*, dem spirituellen

Aus der Regel des hl. Benedikt
16. Kapitel
(Wie das Chorgebet zu halten ist)
Wir tun, wie der Prophet sagt: »Ich lobe dich des Tages siebenmal.« Diese geheiligte Siebenzahl erfüllen wir dann, wenn wir zur Zeit des Frühgottesdienstes, der Prim, Terz, Sext, Non, Vesper und Komplet unsere Dienstpflicht erfüllen. (…) Und auch des Nachts wollen wir uns erheben, um ihn zu preisen.
Aus: Die großen Ordensregeln, hg. von Hans-Urs von Balthasar (Übersetzung von P. Franz Faessler), Einsiedeln/Zürich/Köln 1948

Die Regel Benedikts

Wir müssen also eine Schule für den Dienst des Herrn einrichten. Hierbei hoffen wir, keine harten und drückenden Gesetze aufzustellen. Aber wenn auch die Rücksicht auf die rechte Ordnung es verlangt, dass zur Besserung der Fehler und Erhaltung der Liebe eine etwas strenge Vorschrift erlassen werde, so sollst du nicht sogleich von Furcht erschreckt vor dem Wege des Heiles zurückscheuen. Denn dieser kann am Anfange stets nur durch einen schmalen Zugang betreten werden; wenn man aber im geistlichen Leben und im Glauben voranschreitet, so erweitert sich das Herz und man eilt in unaussprechlicher Wonne der Liebe vorwärts auf dem Weg der Gebote Gottes.

Leben der Mönche, und einer praktischen Lebensführung. Entsprechend waren die benediktinischen Klöster nicht nur Horte der Frömmigkeit, sondern auch Wirtschaftszentren. Die körperliche Arbeit erfüllte mehr als einen Zweck. Zum einen schätzte Benedikt den Müßiggang nicht und wusste: Wer mehrere Stunden täglich auf dem Feld, in der Küche oder in den Werkstätten arbeitete, fiel abends müde ins Bett und hatte keine Zeit für »unkeusche« Gedanken. Zweitens wollte der Mönchsvater geistigem Hochmut der adeligen Brüder vorbeugen, die Feld- oder Küchenarbeit verachteten. Drittens sollten die Mönche nicht von der Mildtätigkeit anderer leben und ihren Unterhalt selbst erwirtschaften. Und schließlich verhinderte die wirtschaftliche Unabhängigkeit häufige Ablenkungen von außen. So erblühte bald ein reges Leben rund um die benediktinischen Klöster: Wälder wurden gerodet, Sümpfe trockengelegt, Wege gebaut, Äcker gepflügt, Obstgärten, Weinberge und Fischteiche angelegt. In Handwerksstuben wurde gewebt, geschreinert, gemalt und geschmiedet.

Zum Dreiklang benediktinischen Lebens gehört die Beschäftigung mit der Bibel und den Werken der Kirchenväter. Daraus leitet sich auch der Bildungsauftrag der Benediktinerklöster ab: Novizen, aber auch die Söhne aus Herrscher- oder Stifterfamilien, wurden von den Mönchen im Lesen und Schreiben und im Lateinischen unterrichtete – zu einer Zeit, als die Mehrheit der Bevölkerung aus Analphabeten bestand. Immer wichtiger wurde im Laufe der Jahrhunderte das Übersetzen, Erläutern, Kopieren, Illuminieren und Binden von Büchern in den Skriptorien (Schreibstuben) der Klöster. Das kulturelle Erbe der Antike blieb uns erhalten, weil Benediktinermönche den antiken Wissensschatz übersetzten und der Nachwelt überlieferten. Auch die bildende Kunst kam nicht zu kurz: Viele der schönsten Kunstwerke des frühen Mittelalters entstanden in Klöstern: Mönche planten, bauten und gestalteten Kirchen und Kapellen; aus Gold und Silber wurde Altargerät geschmiedet; Wände und Glasfenster wurden durch Malerei geschmückt, Skulpturen, Altäre oder Reliquiare aus Holz oder Elfenbein zum Lobe Gottes geschnitzt. Im frühen Mittelalter, als es noch keine blühenden Städte gab und keine Universitäten, als die Herrscher noch keine stolzen Residenzen bewohnten, sondern von Burg zu Burg zogen, entwickelten sich die Klöster zu Wissensinseln im Meer der Unwissenheit und prägten die Kultur des Abendlandes.

Verglichen mit den Extremen des orientalischen oder irischen Klosterwesens wirken die Ideale des hl. Benedikt nüchtern und maßvoll: Er verdammte die Mönche nicht zum ewigen Schweigen, sondern hielt sie zur Schweigsamkeit an. Er verurteilte sie nicht zu vollkommener Armut, sondern ermahnte sie zur Sparsamkeit. Er verlangte keine strenge Askese – zwar sollten die Kleider schlicht und einfach sein, sie durften jedoch den jeweiligen klimatischen Verhältnissen angepasst werden. Ein Becher Wein pro Tag versüßte das karge Mahl und die Dosis konnte vom Abt sogar erhöht werden. Der Abt besaß einige Privilegien, so führte er den Vorsitz am Gästetisch im Refektorium und konnte eine eigene Küche beanspruchen. Auch konnte er sich mit Gästen aus der Klausur entfernen. Zum ersten Mal wird bei Benedikt das Amt des Priors explizit beschrieben, der als Stellvertreter des Abtes fungiert.

Papst Gregor der Große rühmte die Weisheit der Benediktregel: »Er hat eine Regel für Mönche verfasst, einzigartig in weiser Mäßigung, lichtvoll in der Darstellung. Wer sein Leben und seinen Wandel genauer kennen lernen will, der findet in den Vorschriften dieser Regel alles, was er als Lehrmeister vorgelebt hat. Denn der Heilige konnte nicht anders lehren als er lebte« (Dialoge 2,36). Als der Papst seine Lobrede auf die Benediktregel verfasste, lag Montecassino bereits in Trümmern, Benedikt schien vergessen zu sein. Gregors Worte jedoch trugen maßgeblich zu ihrer Wiederentdeckung bei und so wurden die knapp und präzise formulierten Regeln zu einer entscheidenden Richtschnur für die Organisation des abendländischen Mönchtums seit dem frühen Mittelalter.

Die Verbreitung der Regel

Benedikt starb um 550 und rund 30 Jahre nach seinem Tod wurde Montecassio von langobardischen Horden zerstört. Die Mönche flohen nach Rom – im Gepäck die wichtigste Hinterlassenschaft ihres Abtes: seine Klosterregel. Papst Gregor schickte die Mönche auf Missionsreise zu den Angelsachsen, wo die Ideen des Christentums auf fruchtbaren Boden fielen. Bald überschritten im Gegenzug angelsächsische Mönche den Ärmelkanal, um im Frankenreich zu missionieren. Hier hatten zwar schon die Iren viel Boden für das Christentum gewonnen, aber in Randgebieten wie Friesland, Hessen oder Thüringen herrschten noch heidnische Sitten. Flächendeckend sollte das Land mit Klöstern überzogen werden, die den neuen Glauben repräsentieren und als Schulungszentren dienen sollten. Ein verständlicher Wunsch: Die Jahrhunderte der Völkerwanderung hatten Europa das Chaos beschert, die kulturellen Errungenschaften der Griechen und Römer schienen für immer verloren. In diesen unruhigen Zeiten waren die Klöster Inseln der Zivilisation, auf denen Kunst und Wissenschaft bewahrt wurden. Die Mönche und Nonnen beherrschten die Kulturtechniken des Lesens und Schreibens, bewahrten wertvolle antike Bücher vor der Zerstörung, indem sie sie sammelten und kopierten.

Besonders erfolgreich als Missionar wirkte Bonifatius: Er gründete in Fulda das erste Kloster auf deutschem Boden, das seinen Alltag nach der Regel Benedikts ausrichtete, die im Frankenreich – sicher durch die Vermittlung Papst Gregors – als »römische« Regel galt. Und so wurden die fränkischen Mönche wohl zu Benediktinern, weil sie römisch werden wollten. Fulda folgten bald andere berühmte Klöster wie Fritzlar, Kissingen, Lorsch, Corvey, Benediktbeuren und Tegernsee, Kremsmünster in Österreich oder St. Gallen in der Schweiz.

Als die Karolinger die Macht im Frankenreich übernahmen, wuchs die Bedeutung der Benediktinerklöster weiter. Karl der Große (um 748–814) wusste, dass ein gemeinsamer Glaube wichtig für die politische Einheit seines ausgedehnten Reiches war. Geschickt nutze er die Klöster zur Missionierung genauso wie zur Urbarmachung des Landes. Und auch für die Bildungsreform, die der Frankenkönig beschloss, waren die Benediktinermönche unverzichtbar. Der König wünschte sich Untertanen, die nicht nur fromm, sondern auch gelehrt sein sollten und gute Redner – ein römisch anmutendes Bildungsideal. Doch Karls Bestrebungen waren nicht uneigennützig: Er brauchte gut ausgebildete Männer für die Verwaltung seines Reiches. Und wer außer den Mönchen konnte lesen und schreiben? Auf der Aachener Synode von 789 wurde beschlossen, in jedem Kloster eine Knabenschule einzurichten, in der Lesen, Schreiben, Rechnen, Singen und Latein unterrichtet wurde.

Zur Zeit Karls gab es weder eine einheitliche Klosterarchitektur noch eine einheitliche Klosterregel. Viele Klöster folgten noch den Regeln des irischen Mönchsvaters Kolumban, andere benediktinisch-kolumbanischen Mischformen. Das irische Mönchtum stellte die strenge Askese in den Mittelpunkt, was aber den vielen nach außen orientierten Aufgaben der Klöster im Frankenreich – sie sollten Zentren der Bildung und der Forschung, aber auch der landwirtschaftlichen Versorgung sein – widersprach. Außerdem wollte man den Einfluss der alten kelti-

Ein Detail der berühmten Wandmalereien in der Kirche St. Georg in Oberzell auf der Insel Reichenau zeigt Christus mit einem Heiligenschein, um 900-950.

schen Lebensart des irisch-britischen Kulturkreises ausschalten. Nachdem Karl der Große schon Geld, Schrift und Gesetzgebung in seinem Riesenreich vereinheitlicht hatte, wollte er auch alle Klöster einer Regel unterstellen. Karl ließ sich ein Exemplar der Benediktregel nach Aachen schicken, erlebte ihren Siegeszug im Frankenreich aber nicht mehr. Sein Sohn, Ludwig der Fromme, führte die Idee des Vaters zum Abschluss. Dazu holte er Benedikt von Aniane an den Hof. Der Mönch aus Südfrankreich, der in seiner Jugend ein Waffengefährte Karls gewesen war, berief 816 und 817 Synoden in Aachen ein, auf denen er das neue klösterliche Reformprogramm auf der Basis der Benediktregel vorstellte. Nachdem Benedikt vom König zum Generalabt des Frankenreiches ernannt worden war, reformierte er selbst fünfzehn Klöster, seine unmittelbaren Mitarbeiter weitere vierzig. Bald folgten alle Klöster der Benediktregel.

Zu diesem Zeitpunkt waren die Klöster keine abgelegenen Plätze asketischen Lebens mehr. Der Geist Benedikts war übergegangen in eine neue Zeit. Die Mönchssiedlungen waren Zentren des kirchlich-kulturellen Lebens geworden und die Mönche gingen nicht mehr versteckt hinter dicken Mauern ihren Tätigkeiten nach, sondern standen als Lehrer, Missionare, Künstler und Wissenschaftler im Austausch mit der Welt.

Mit dem Statusgewinn setze jedoch auch der Verfall ein: Durch Schenkungen waren viele Klöster wohlhabend geworden, besaßen riesige Ländereien, zahllose Knechte und Scharen von Hörigen, die die Felder im Auftrag der Klöster bewirtschafteten. Stattliche Gästehäuser standen bereit, um König und Fürsten mit ihrem Gefolge zu beherbergen. In mächtigen Kirchen standen kunstvolle Altäre und die Mönche widmeten sich weniger der Arbeit und Meditation als dem aufwendigen Gebets- und Gesangspensum und zogen in feierlichen Prozessionen von Kirche zu Kapelle und von Altar zu Altar. Auch von der einfachen Kost der Anfangszeit hatte man sich weit entfernt, genoss Mahlzeiten mit mehreren Gängen und sparte nicht an

Fleisch oder Wein. Die Äbte waren unterwegs zu Reichstagen und Synoden und nahmen Anteil am politischen Leben.

Mehr und mehr verwandelte sich in karolingischer Zeit auch die Klostergemeinschaft von einer Laiengemeinschaft in eine Gemeinschaft von Klerikern. Immer mehr Mönche ließen sich zu Priestern weihen und Brüder ohne entsprechende Weihe mussten sich wie Mönche zweiter Klasse fühlen. Die Laienbrüder lebten asketisch wie die Mönche, legten aber kein Gelübde ab, waren vom Chordienst sowie von der Abtwahl ausgeschlossen. Wer priesterliche Weihen empfangen hatte, lehnte körperliche Arbeit ab und wurde bequem. 816 erfolgte die Trennung zwischen Mönchen und Kanonikern oder Chorherren (s. S. 123). Letzteren wurde bessere Kleidung zugestanden (Leinen statt Wolle) und die Forderung nach persönlicher Besitzlosigkeit wurde gemildert, sodass die Chorherren oft sogar Häuser rings um den Dom besaßen. Sie bildeten an den Bischofssitzen das Domkapitel und nahmen dem Bischof einen Teil der liturgischen Arbeit ab.

Die ursprünglichen Motive der Mönche – der Rückzug aus der Welt, um Gott in Einsamkeit und durch Askese besser dienen zu können, verblassten zusehends. Das benediktinische Mönchtum hatte gegen Ende des ersten Jahrtausends, als die karolingische Herrschaft zu Ende ging, seine Kraft eingebüßt. Bereits 883/84 war Benedikts Kloster Montecassino, das nach der Zerstörung durch die Langobarden 717 wiederbesiedelt worden war, zum zweiten Mal in Schutt und Asche gelegt worden. Doch so wie Montecassino nach jeder Zerstörung aus den Trümmern wieder aufgebaut wurde – zuletzt 1964 – überlebte auch der Geist Benedikts allen Krisen zum Trotz.

Ein Kloster von Rang

Kloster Fulda wurde 744 vom Angelsachsen Bonifatius gegründet und weil »der Missionar der Deutschen« hier auch begraben lag, wurde es bald zu einem wichtigen Wallfahrtsort. Darüber hinaus mauserte sich Fulda innerhalb weniger Jahrzehnte zu einem Bildungszentrum von Rang. Von der Idee seiner geplanten Bildungsoffensive unterrichtete Karl der Große 784/85 zuerst Abt Baugulf von Fulda. Fulda war als Reichskloster direkt dem Kaiser unterstellt. In einer eigenen Kanzlei verfassten die Mönche Urkunden und andere Rechtsbelege. Zuständig war man auch für die moralische Unterstützung des Kaisers in Kriegszeiten – durch Gebete und Psalmen. Besonderen Ruhm erlangte das Skriptorium, in dem rund 30 Schreiber Bücher kopierten und für die Nachwelt bewahrten – christliche Texte, aber auch Überlieferungen des klassischen Altertums. Neben den Reliquien von Heiligen galten die Bücher als wertvollster Besitz der Klöster und in Fulda konnte man stolz auf rund 1000 Bände verweisen – mehr als doppelt so viele wie die berühmte Bibliothek des Klosters St. Gallen! Die meisten Bücher gingen in den Wirren des Dreißigjährigen Krieges verloren, aber heute noch treffen sich in Fulda, am Grab des Heiligen Bonifatius, die deutschen Bischöfe zu ihrer Herbstkonferenz und dokumentieren damit die historische Bedeutung des Klosters Fulda.

910
Gründung des Klosters Cluny
919–936
König Heinrich I., Gründer des deutschen Reiches
936–973
Otto I., der Große, dt. König und Kaiser, Begründer des Heiligen Römischen Reiches deutscher Nation
955
Otto der Große siegt auf dem Lechfeld über die Ungarn
963
Erste Klostergründung auf dem Athos Ende 10. Jh. Höhepunkt der arabischen Kultur in Spanien
987–996
Hugo Capet als erster Kapetinger auf dem frz. Thron
993
Bernward wird Bischof von Hildesheim
1039–1056
Heinrich III. röm.-dt. Kaiser, er unterstützt die Cluniazensischen Reformen
1054
Morgenländisches Schisma: endgültige Trennung der Ostkirche von der römisch-katholischen Kirche
1066
Wilhelm der Eroberer erobert England und wird englischer König
1077
Gang nach Canossa als Höhepunkt des Investiturstreits zwischen König Heinrich IV. und Papst Gregor VII.

Cluny und die cluniazensische Reform

Herzog Wilhelm von Aquitanien gründete das Kloster Cluny in Burgund 910, in einer Zeit großer politischer und geistlicher Instabilität. Das mächtige Reich Karls des Großen war durch die Erbteilung nach dem Tod seines Sohnes zunächst in drei Teile zerfallen (Vertrag von Verdun 843), aus denen sich das westfränkische und das ostfränkische Reich und schließlich die heutigen Länder Frankreich und Deutschland entwickelten. Die Herrscher beider Länder waren schwach und wurden oft von mächtigen regionalen Adelsfamilien dominiert. Ebenso erging es dem Papst, der zu dieser Zeit eine Marionette des römischen Adels war. Auch Bischöfe und Äbte der Klöster hatten oft wenig Befugnisse, da Könige oder kleinere Landesherren sie eingesetzt hatten und politisch wie wirtschaftlich kontrollierten. Zu diesem Vakuum zentraler weltlicher wie kirchlicher Macht kamen im 9. und 10. Jahrhundert außenpolitische Schwierigkeiten: Im Norden fielen die Wikinger (später: Normannen) über die Flüsse nach Mitteleuropa ein, im Süden von Spanien aus die islamischen Sarazenen, aus dem Osten bedrängten die noch nicht christianisierten Reitervölker der Magyaren das Abendland, raubten, mordeten und hielten sich vor allem an den Klöstern schadlos.

Die Gründung von Cluny war ein Experiment: Das Kloster sollte keinem weltlichen oder geistlichen Herren unterstehen. Cluny stand direkt unter dem Schutz des Heiligen Stuhles, weihte deshalb seine Kirche auch den römischen Hauptheiligen Petrus und Paulus. Der erste Abt Berno wurde noch vom Gründerherzog eingesetzt, alle weiteren sollten frei aus dem Konvent heraus gewählt werden. Die Unabhängigkeit der Mönche von Cluny wirkte wohl so überzeugend, dass die Abtei mit reichen Schenkungen, Geld wie Ländereien, überhäuft wurde. Die Gönner kamen nicht nur aus der Umgebung, sondern aus dem ganzen Land und so hieß es bald: *Partout où le vent vente, l'abbé de Cluny a rente* (Überall dort, wo der Wind weht, dem Abt von Cluny ein Einkommen entsteht).

Nicht nur die reichen Stiftungen führten dazu, dass Cluny bald in ganz Europa an Einfluss gewann, insbesondere die großen Abt-Persönlichkeiten trugen dazu bei, das Kloster vom 10. bis zum 12. Jahrhundert zu einem der großen geistigen Zentren des Mittelalters zu machen. Abt Majolus (963/64–994) war ein enger Freund Kaiser Ottos des Großen, Abt Odilo (994–1048) führte den Allerseelentag als Feiertag ein, der bis heute begangen wird. Abt Hugo von Sémur (1048–1109) war ein berühmter Diplomat. Er vermittelte zum Beispiel im Investiturstreit zwischen Kaiser und Papst und bereitete ihre Begegnung in Canossa 1077 vor. Abt Petrus Venerabilis (1022–1056) setzte sich mit dem Islam auseinander und ließ 1143 die erste Koranübersetzung in Toledo anfertigen.

Die **cluniazensische** Reform war die bedeutendste klösterliche Erneuerungsbewegung des Mittelalters und entwickelte sich in ihren Anfängen schon unter dem ersten Abt Berno. Unter Odilo und Hugo von Sémur dehnten sich die Aktivitäten von Cluny schließlich auf die gesamtkirchlichen Reformen aus. Wichtigster Punkt der Klosterreform war die Rückkehr zur Benediktregel, man bekämpfte damit rigoros die Verweltlichung des Klosterlebens. An zweiter Stelle stand die Befreiung von der weltlichen und bischöflichen Abhängigkeit. Zentrale Bedeutung kam außerdem der Ausdehnung der liturgischen Zeremonien zu, damit verschoben sich die Aufgaben der Mönche: Körperliche Arbeit wurde bedeutungslos, Zeit für das Lesen und die Meditation reduziert, die Stundengebete und Gottesdienste dafür verlängert. Aus der Liturgie wurde eine Dienstleistung an der Gemeinschaft

1084
Hl. Bruno von Köln gründet das Kloster La Grande Chartreuse
1088
Grundsteinlegung für die 3. Abteikirche von Cluny
Ende 11. Jh.
Gründung der Universität von Bologna

Abt Hugo von Sémur (links), der Vermittler im Streit um die Laieninvestitur, mit Kaiser Heinrich IV. (kniend) und Mathidle von Tuszien.

Harte Strafen für ungehorsame Mönche in Cluny

In der Kapitelversammlung urteilte der Abt auch über Verfehlungen der Brüder und mahnte, sich aller Sünden zu enthalten. ... Wenn die Sünde schwerwiegender war – Trunkenheit, Wut, Fluchen, Streiten, Aufruhr-Stiften, Stolz, Neid, Gier, Besitz privater Gegenstände, Abwesenheit vom Klostergelände ohne Genehmigung, Gespräch mit einer Frau oder ein anderer schwerer Verstoß gegen die cluniazensische Regel -, hatte der Schuldige barfuß am Eingang zum Kapitelsaal zu stehen, ... mit einem Rutenbündel in seiner rechten Hand. Wenn man ihm gestattete, näher zu treten, legte er ... das Rutenbündel auf den Boden und streckte sich selbst dort aus, um Vergebung zu erbitten. Dann wurde er gezüchtigt ... Dann wies ihm der Abt einen Ort als eine Art Gefängnis zu, wo er allein bleiben musste ... Die Einzigen, mit denen er sprechen durfte, waren die Brüder, die der Abt zu ihm sandte, um seine Reue zu hören. Wenn diese von seiner Reue überzeugt waren, baten sie für ihn in der Kapitelversammlung um Vergebung. Wenn man diese erteilt hatte, wurde er in die Versammlung geholt, noch einmal geprügelt und, nachdem er sich wieder vor jedem der Brüder niedergeworfen hatte, um erneut Vergebung zu erbitten, nahm man ihn wieder in die Gemeinschaft auf. Er erhielt jedoch den schlechtesten Platz in der Kirche, im Refektorium und im Schlafsaal, er durfte weder an der heiligen Kommunion teilhaben noch den Friedenskuss empfangen und wurde bei den Lesungen übergangen. Nach jeder Messe und nach jeder Kapitelversammlung musste er erneut um Vergebung bitten, bis der Abt ihn schließlich nach einer erneuten Ermahnung in seine alte Position wieder einsetzte.

Aus: Gudrun Gleba, Klosterleben im Mittelalter, Darmstadt 2004, S. 119/120, nach Joan Evans, Monastic life at Cluny 910–1157

aller Christen, Spender und Stifter bedankten sich mit reichen Gaben für die klösterlichen Fürbitten für ihr Seelenheil. Als Ersatz für die Arbeitsleistung der Mönche kam es zum Ausbau des Konversenwesens: Die Konversen oder Laienbrüder, die sich wie die Mönche an das Kloster banden, verrichteten jetzt die körperliche Arbeit. Das immerwährende Totengedenken und die Armenspeisung waren weitere wichtige Punkte der cluniazensischen Reform. Durch ihre Ausweitung auf andere Klöster entstand der cluniazensische Klosterverband. Das Stammkloster selbst gründete Priorate, schon bestehende Klöster schlossen sich an. Im 12. Jahrhundert gehörten dem Verband mehr als 1200 Klöster und fast 20.000 Mönche in ganz Europa an, sie waren in unterschiedlichem Grad abhängig von Cluny. Viele Äbte wurden von den Klöstern selbst gewählt, andere von Cluny eingesetzt. Die Priorate führte generell ein Prior, den Cluny entsandte. Das burgundische Kloster hatte sich zu einer Mönchsrepublik entwickelt. Aus dieser Position heraus ist der Einfluss verständlich, den Cluny bald auch auf die allgemeine Kirchenreform ausübte. Die Äbte unterstützten die Reformpäpste und stärkten deren Stellung beim Kampf gegen den Ämterkauf (Simonie) und die Priesterehe. Der Kirche gelang es schließlich mit Hilfe von Cluny Anfang des 12. Jahrhunderts, das Priestertum aus der weltlichen Gewalt herauszulösen und damit gleichzeitig den Klerus zu stärken.

Die Bautätigkeit in Cluny

Das Kloster Cluny war zwischen 950 und 1150 eine Dauerbaustelle. Da die Anzahl der Mönche stetig zunahm, mussten ständig neue Klostergebäude errichtet werden. Die immer größeren Kirchenbauten gingen nicht nur auf die vermehrten Besucher, sondern auch auf die Intensivierung der Liturgie zurück. Außerdem wurden mehr und mehr Mönche zu Priestern geweiht, die täglich eine Messe zu lesen hatten. Dazu war ein größerer Chor mit vielen Heiligenaltären nötig. Der zweite Kirchenbau, Cluny II, entstand zwischen 950 und 981 unter Abt Majolus, hatte keinen Westchor und keine Krypten mehr, wie das bei vielen romanischen Kirchen der Zeit noch üblich war. Der plastische Schmuck war beschränkt, der Bau mit einer flachen

Die Klosterkirche von Cluny, Blick von Nordosten.

Kapitell aus dem Chor der Abteikirche von Cluny, 12. Jh. Die Töne der Musik verweisen auf die Hauptaufgabe der Mönche von Cluny, den Lobgesang Gottes beim Stundengebet und in der Messe.

Holzdecke überdacht. Cluny II beeinflusste viele romanische Bauwerke in Deutschland, zum Beispiel die inzwischen zerstörte Klosterkirche von Hirsau oder die Klosterkirche von Alpirsbach im Schwarzwald. Unter den Äbten Odilo und Hugo von Sémur entstanden die meisten Klosterneubauten, die Mönchsgemeinschaft war inzwischen auf fast 400 Mitglieder angewachsen, das neue Refektorium knapp 800 m² groß. Außerdem waren immer viele Gäste und Pilger im Kloster, das neue Gästehaus bot 2000 Personen Platz. 1088 wurde schließlich der Grundstein für die riesige Klosterkirche Cluny III gelegt. Sie wuchs außerhalb des bisherigen Klosterareals vor der alten Klosterkirche in die Höhe, sodass diese vor Beendigung des Neubaus nicht abgerissen werden musste. Cluny III entstand in nur etwa 30 Jahren und war die größte Kirche des Abendlandes. Erst der neue Petersdom in Rom sollte sie Jahrhunderte später übertreffen. Der umbaute Raum war zehnmal größer als der von Cluny II. Innen war sie 187 Meter lang und 30 Meter hoch. Das Langhaus hatte fünf Schiffe, es gab zwei Querhäuser, einen Chor und einen Chorumgang. Eines der ersten Spitztonnengewölbe überdachte den Koloss.

Diese größte Klosterkirche, die je gebaut wurde,

spiegelte den Reichtum und die Macht von Cluny, aber auch den Kunstsinn der Mönche wider. Schlüsselszenen des Alten und Neuen Testamentes, die Abfolge der Jahreszeiten als Zeichen der Schöpfung Gottes und die Personifikation der Töne der Musik als menschliche Gestalten schmückten die berühmten Kapitelle. Besonders letztere sind einmalig, wurden hier entwickelt und haben sich wie durch ein Wunder erhalten, obwohl der Großteil der Kirche inzwischen verschwunden ist. Der Einfluss der Skulpturen aus Cluny III und der Klosterneubauten ist heute noch in vielen Kreuzgängen und an Kirchen Süd- und Südwestfrankreichs erkennbar. Berühmt sind der Kreuzgang von Moissac mit seinen einzigartigen Kapitellen, die Pilgerkirche St. Sernin (Portal und Kapitelle) und die Kapitelle des Kreuzganges von La Daurade, beide in Toulouse.

Der Bau von Cluny III widerspricht der Erneuerung der Benediktregel mit ihren Forderungen nach Askese und Bescheidenheit. Diesen Widerspruch erkannten auch einige Mönche, die sich von Cluny abspalteten und den Zisterzienserorden gründeten (s. S. 36).

Die Lothringer und die Hirsauer Reform

Nicht nur von Cluny gingen im 10. und 11. Jahrhundert Klosterreformen aus. Die Klöster Gorze in Lothringen und Hirsau im Schwarzwald waren weitere Reformzentren. In Gorze regte der Bischof von Metz ab 933 ein neues benediktinisches Leben mit einem durch die Stundengebete geregelten Tagesablauf an. Das Kloster und die etwa 160 Abteien, die sich der Bewegung der Lothringer Reform anschlossen, bildeten aber nicht wie Cluny mit seinen Nachfolgeklöstern einen Klosterverband, sondern blieben unabhängig beziehungsweise weiterhin von den Bischöfen oder anderen Landesherren abhängig. Hirsau im Schwarzwald entwickelte sich im 11. und 12. Jahrhundert zum bedeutendsten monastischen Reformzentrum im Reichsgebiet. Die Reformideen kamen zunächst aus Gorze, dann übernahm Hirsau die cluniazensische Lebensform. Wie in Cluny entstand ein Konverseninstitut für ungeweihte

Kloster Hirsau im Schwarzwald, das bedeutendste deutsche Reformkloster, wurde 1692 im Pfälzischen Erbfolgekrieg zerstört.

Laienbrüder, gab es eine freie Wahl des Abtes und umfangreiche Armenspeisungen. Hirsau baute wie Gorze keinen zentralisierten Klosterverband auf, trotzdem schlossen sich 120 bis 150 Klöster den Reformvorstellungen an. Über Hirsau gelangte also die cluniazensische Reform auch nach Deutschland.

Die Bewegung der Zisterzienser als Protest gegen Cluny

Die architektonische Prachtentfaltung in Cluny und in den Klöstern des cluniazensischen Verbandes und die starke Überbetonung der Liturgie auf Kosten der körperlichen Arbeit bedeutete für manche Mönche monastische Dekadenz. Im Jahr 1098 zogen sich deshalb einige Mönche aus der Abtei Molesme in die einsamen burgundischen Wälder zurück und gründeten mit Cîteaux ein neues Kloster, das die wahre Armut und Askese wieder in den Vordergrund rücken sollte. Der dritte Abt, der Engländer Stephan Harding (1109–1134) schrieb die »Charta Caritatis« nieder, eine Art Ordensverfassung, und war hiermit der eigentliche Gründer des Zisterzienserordens. Der große Mentor und geistige Führer des Ordens wurde bald aber Bernhard, der als junger Mann ins Kloster Cîteaux eintrat und wenige Jahre später von hier aus das Kloster Clairvaux gründete. Er hat insbesondere die Rückkehr zur alten Benediktregel propagiert und in den »Consuetudines« ihre Auslegung verfasst. Neben Clairvaux entstanden zwischen 1113 und 1115 noch drei weitere Tochterklöster von Cîteaux.

Neu am Zisterzienserorden war die Selbstständigkeit der Einzelabteien und das Prinzip der Filiationen, also der Tochtergründungen, und der jährlichen Visitation einer Tochtergründung durch den Abt des Mutterklosters. Die einheitliche Auslegung der Benediktregel war für alle Zisterzienserklöster obligatorisch. Einmal im Jahr trafen sich alle Äbte bei der Versammlung des Generalkapitels, das zur obersten Instanz des Ordens wurde. So entstand ein Mittelweg zwischen der cluniazensischen Zentralisation und der alten benediktinischen Autonomie der Einzelklöster.

Inhaltlich neu für das täglich Leben der Mönche war eine Rückkehr zu den Ursprüngen der Benediktregel mit einer gleichberechtigten Verteilung der drei Grundpfeiler des täglichen Lebens: *opus dei* (Gottesdienst), *lectio divina* (geistliche Lesung, Theologiestudium, Meditation) und *labor manuum* (körperliche Arbeit). Das ausgedehnte *opus dei* der Cluniazenser hatte die beiden anderen Prinzipien der Benediktregel fast völlig verdrängt. Für Bernhard von Clairvaux, den man manchmal auch als den Benedikt des 12. Jahrhunderts bezeichnete, hatte der alte Satz *ora et labora* (bete und arbeite) wieder zentrale Bedeutung erlangt. Die Liturgie wurde radikal verkürzt und erreichte damit wieder mehr Innerlichkeit. Das Lesen der Heiligen Schrift und das Studium von Erläuterungen bedingte die Ein-

1096–1099
Erster Kreuzzug mit Eroberung Jerusalems und Bildung des Königreiches Jerusalem
1098
Robert von Molesme gründet das Kloster Cîteaux, die Keimzelle des Zisterzienserordens
1108
Veröffentlichung der »Charta Caritatis«, der Ordensregel der Zisterzienser
1115
Bernhard gründet das Kloster Clairvaux und wird sein erster Abt
1120
Gründung des Templerordens in Jerusalem
1137–1144
Bau des Chores der Abteikirche von St. Denis bei Paris – Beginn der Gotik
1144
Christliches Fürstentum Edessa von Seldschuken erobert – Auslöser des 2. Kreuzzuges
1147–1149
Zweiter Kreuzzug
Um 1150
Bau des Westportals von Chartres
1153
Tod des Bernhard von Clairvaux

Bernhard von Clairvaux

Der hl. Bernhard war zwar nicht der Gründer des Zisterzienserordens, aber sicher sein wichtigster Vertreter nach außen. Der junge Adelige, der um 1090 nahe Dijon in Burgund geboren wurde, trat 1112 mit 30 Gefährten, darunter vier Brüder, ins Kloster Cîteaux ein. Von hier schickte ihn Abt Stephan Harding schon drei Jahre später in die Einöde an der Grenze von Burgund und der Champagne, um das Tochterkloster Clairvaux zu gründen und dessen erster Abt zu werden. Bernhard gelang es durch sein Charisma, seine feurigen Predigten und bald weitverbreiteten Schriften, viele Menschen in seinen Bann zu ziehen. Der Zisterzienserorden nahm einen ungeahnten Aufschwung. Bis zu seinem Tod 1153 gründete er selbst fast 70 Tochterklöster, der gesamte Orden hatte zu diesem Zeitpunkt rund 350 Klöster in ganz Europa. Bernhard verfolgte unnachgiebig all seine Ziele, berühmt wurden seine Angriffe gegen Cluny. Der Papst genehmigte die Gründung des Templerordens 1030 sehr schnell, weil dieser in Bernhard einen prominenten Fürsprecher hatte. Auch für die Kreuzzüge setzte sich der Abt von Clairvaux wortgewaltig ein, denn er war überzeugt, nur mit Waffengewalt den christlichen Glauben bewahren und verbreiten zu können. Diese Sichtweise hatte nicht nur verheerende Folgen für Muslime und Juden im Heiligen Land, sondern auch für die Juden in Europa. Es gelang Bernhard nicht nur, den französischen König Ludwig VII. zur Teilnahme an diesem Kreuzzug zu bewegen, auch der deutsche König Konrad III. und Roger von Sizilien schlossen sich mit ihren Heeren dem Unternehmen an, das aber kläglich scheiterte. Doch Bernhard war nicht nur Kirchenpolitiker, sondern auch ein Mystiker und Theologe von Rang: Durch seine Schriften zur Spiritualität beeinflusste er den Franziskaner Bonaventura und den Dichter Dante Alighieri, aber auch Martin Luther und Johannes Calvin. Im Zentrum der Spiritualität stand für Bernhard die Marienverehrung, alle Zisterzienserkirchen sind deshalb der Muttergottes geweiht. Marienabbildungen waren als einzige in den Klöstern und Kirchen erlaubt, die Marienverehrung, die später noch an Bedeutung zunehmen sollte, nahm hier ihren Anfang. Ab 1130 zog Bernhard durch viele Länder Europas, um im zisterziensischen Geiste zu predigen. Er verstieß damit gegen das strenge Prinzip der *stabilitas loci*, das den Mönchen das Verbleiben im eigenen Kloster vorschrieb. Seine innere Zerrissenheit zwischen dem Verlangen nach strenger Askese mit Zurückgezogenheit im Kloster und dem Bedürfnis, vor dem Volk zu predigen, ließ ihn sich selbst als »die Chimäre des Jahrhunderts« bezeichnen. Bernhards Einfluss war im 12. Jahrhundert in ganz Europa sehr groß. Seine Heiligsprechung 1174, 21 Jahre nach seinem Tod, gab dem Zisterzienserorden noch einmal einen gewaltigen Aufschwung.

richtung umfangreicher Bibliotheken; reichhaltiges Wissens wurde zusammmengetragen, nicht nur im theologischen Bereich. Die körperliche Arbeit schließlich führte dazu, dass die Zisterzienser bald zu den führenden europäischen Spezialisten in Landbau, Viehzucht, Obst- und Weinbau, Fischzucht und im Bergbau wurden.

Bernhard von Clairvaux leitet eine Kapitelsitzung im Kloster Cîteaux, Buchmalerei, um 1453.

Sie führten als erste die Dreifelderwirtschaft ein, waren versiert in der Trockenlegung und Kanalisierung von Mooren und in der Nutzung von Wasserkraft. Bald holten Landesherren vieler europäischer Länder sie in die abgelegensten Gebiete, um dort als Pioniere Land urbar zu machen und ihre modernen Bewirtschaftungsmethoden anzuwenden.

Die neue Bewertung der körperlichen Arbeit war aus einem neuen Armutsbegriff heraus entstanden: Man wollte in strenger Askese von der eigenen Hände Arbeit leben, weder den Zehnten von den umliegenden Dörfern erheben, noch Arbeiter oder Leibeigene einstellen. Demut gegenüber Gott und der Schöpfung sollte das Leben der Mönche bestimmen.

Dieses Ideal ließ sich aber nicht lange halten. Bald konnten die Mönche die Arbeit nicht mehr alleine bewältigen. Durch den starken Zuwachs in den Klöstern mussten große neue Abteigebäude und Kirchen errichtet werden, die Erfolge in der Landwirtschaft und reiche Schenkungen führten zu einer Ausdehnung der Anbauflächen. Zunächst begegnete man dem Problem mit der Errichtung von Konverseninstituten. Konversen oder Laienbrüder, meist aus den unteren Schichten der Gesellschaft, legten wie die Mönche ewige Gelübde ab. Sie lebten getrennt in einem eigenen Klosterflügel, das Lesen von Büchern war ihnen verboten, der Aufstieg zum Mönch im Gegensatz zu Cluny nicht möglich, sie waren ausschließlich für die Arbeit zuständig. Später mussten dann aber trotzdem noch Arbeiter von außerhalb eingestellt werden, vor allem für den Bau der Kirchen belegen dies noch erhaltene Rechnungen. Auch die Unabhängigkeit von der Umgebung ließ sich nicht auf Dauer halten, im 13. Jahrhundert besaßen selbst die Zisterzienser abhängige Dörfer und Pachthöfe und hatten inzwischen oft einen solchen Reichtum erwirtschaftet, dass sie damit viele Klöster des cluniazensischen Klosterverbandes übertrafen. Gerade der Fleiß und die Innovationsfreudigkeit der wirtschaftenden Mönche, die ja eigentlich nur wegen des Armutsideals selbst Hand anlegen sollten, hatten diesen Reichtum herbeigeführt.

Neue Zeiten, bewegte Zeiten

Die Feudalherrschaft hatte das Leben im frühen und hohen Mittelalter geprägt: Bauern versorgten ihre adeligen Herren mit Lebensmitteln, Tuchwaren oder Baumaterialien und bekamen dafür rechtlichen und militärischen Schutz. Klöster und Stifte hatten die gleichen Rechte wie Adelsfamilien – auch sie verteilten ihre Ländereien auf abhängige Familien und bestimmten die Art der Abgaben. Ein starres Gesellschaftssystem, das keinen Aufstieg kannte.

Zwischen 1100 und 1300 sorgten ein mildes Klima und neue Anbaumethoden, die zu einer besseren Versorgung mit Lebensmitteln führten, für eine Bevölkerungsexplosion. Innerhalb von zweihundert Jahren verdoppelte sich die Bevölkerung und mehr und mehr Menschen zog es in die aufstrebenden Städte, die durch Handel und Handwerk wohlhabend geworden waren und sich zu Zentren des Fortschritts entwickelten. Es entstanden Manufakturen, in denen Waren – vor allem Stoffe – in immer größeren Mengen produziert wurden. Die Städter streiften die Bande von Adel und Klerus ab; Leibeigene, die ein Jahr in einer Stadt gelebt hatten, konnten ihre Fesseln lösen. »Stadtluft macht frei«, lautete das Motto der Zeit. Der Handel ge-

Ein Bild, das sich seit der Zeit des hl. Bernhard nicht wesentlich verändert hat: Zisterziensermönche im weißen Habit im Kreuzgang ihres Klosters.

wann an Bedeutung, der Geldverkehr ersetzte den Tauschhandel und Banken entstanden. Kaufleute, Bankiers und Manufakturbesitzer etablierten sich als neue selbstbewusste Gesellschaftsschicht – das Bürgertum. Wer es verstand, erfolgreich zu wirtschaften, kam zu Geld und Ansehen. So war das starre Gesellschaftssystem aufgeweicht worden, aber neben den Gewinnern der neuen Zeit gab es auch viele Verlierer: Kleine Handwerker und Tagelöhner kämpften ums Überleben und das Heer der Armen wuchs.

Politisch prägte einerseits der Kampf zwischen Kaiser und Papst um die Vorherrschaft in Europa die Zeit, andererseits der Kampf gegen den muslimischen Glaubensfeind. Die Zeit der Kreuzzüge und Ritterorden begann.

Auf ins Heilige Land

Als Papst Urban II. Ende des 11. Jahrhunderts zum Ersten Kreuzzug aufrief, hatten weite Teile des christlichen Abendlandes eine gewisse Stabilität erreicht. Nur in Spanien waren christliche Heere noch damit beschäftigt, die Herrschaft der Mauren abzuschütteln.

Die Kreuzzüge

Ab dem 7. Jahrhundert hatten muslimische Heere nach und nach die alten christlichen Kerngebiete in Nordafrika, Ägypten und Kleinasien erobert. Die heiligen Stätten in Palästina befanden sich in den Händen der Glaubensfeinde und christliche Pilger waren immer häufiger Angriffen ausgesetzt. Papst Urban II. beschloss zu handeln und rief 1095 zum Kampf gegen die Andersgläubigen auf. Wer für die Befreiung der christlichen Stätten kämpfte, dem wurde der Nachlass der Sünden versprochen und Christen, die im heiligen Kampf fielen, wurde gar das ewige Leben in Aussicht gestellt. So zogen 1096 mehrere Heere gen Osten: Überzeugte Christen und arbeitslose Ritter genauso wie Abenteurer, Bettler, fahrendes Volk, Beutejäger, die von den Schätzen des Orients träumten, und sogar Kinder machten sich auf den beschwerlichen Weg. Trotz anfänglicher Erfolge – rund zweihundert Jahre und mehrere Kreuzzüge später endete die Kreuzzugsbewegung als Misserfolg. Das Heilige Land blieb letztendlich muslimisch.

In Zentraleuropa aber drohte dem Stand der Ritter die Arbeitslosigkeit. Frustrierte junge Männer, die nur das Kriegshandwerk erlernt hatten, suchten neue Betätigungsfelder. Ihre Energien zu bündeln war sicher eines der Motive für die Kriegshetze des Papstes gewesen.

Nach der erfolgreichen Eroberung Jerusalems 1099 und dem Ende des Ersten Kreuzzugs kehrten die meisten Ritter nach Europa zurück und die Pilgerwege in Palästina von der Küste ins Landesinnere blieben ungesichert zurück. Straßenräuber lauerten den hilflosen

Papst Urban II. ruft 1095 in der Synode von Clermont zum Kreuzzug auf, Buchmalerei aus dem späten 12. Jh.

Pilgern auf und brachten sie um Hab und Gut, manchmal auch um ihr Leben. Ab dem frühen 12. Jahrhundert übernahmen christliche Ritterorden den Schutz der Pilger. Es waren neuartige Ordensgemeinschaften, die sich als Bindeglieder zwischen Mönchtum und Rittertum verstanden.

Die Mönchsritter

Die Idee eines schwertschwingenden Mönchs mag heute absurd erscheinen. Schließlich hatte Jesus gemahnt: »Wer das Schwert zieht, wird durch das Schwert umkommen« (Matthäus 16,52). Doch pazifistische Ideale waren im Mittelalter den Heiligen vorbehalten. Der Alltag war hart und manchmal grausam, der Zweck heiligte die Mittel. Warum sollten Ordensmitglieder nicht die heilige Aufgabe übernehmen, unbewaffnete Pilger auf dem Weg zu den heiligen Stätten des Christentums zu schützen?

Gegen 1120 schlossen sich französische Ritter im Heiligen Land zum ersten Ritterorden zusammen. Weil König Balduin II. den christlichen Rittern einen Teil seines Palastes, die ehemalige muslimische Al-Aqsa-Moschee, auf dem Tempelberg in Jerusalem zur Verfügung gestellt hatte, die über dem Tempel Salomons errichtet worden war, nannte man sie »Ordensritter des Tempels« oder kurz »Templer«. Ihre Aufgabe war von Anfang an eine militärische – der Schutz der Pilger. Anders die Konkurrenten, die nach und nach auf den Plan traten: Die Johanniter (s. S. 142) waren ursprünglich ein Hospitalorden gewesen, hervorgegangen aus einem Pilgerhospital, das dem hl. Johannes dem Täufer geweiht war. Als der Orden jedoch zunehmend adelige Mitglieder gewann, entstand ein militärischer Zweig des Ordens, der den Templern Konkurrenz machte.

Entsprechend ihrer Aufgabe bauten die Ritterorden keine Klöster, sondern Burgen, die sich als eindrucksvolle Festungsanlagen präsentierten. Geld gab es genug. Schon bei den Benediktinern hatte sich gezeigt: Wenn auch der einzelne Mönch das Gelübde der Besitzlosigkeit ablegte, so wurden Besitztümer der Orden bzw. des Klosters selbst durchaus geduldet. Das galt erst recht für die Ritterorden. Aufnahme in den Ritterorden fanden nur Söhne aus besten Familien, die ihr Erbteil dem Orden überließen. Außerdem stifteten wohlhabende Bürger und Adelige nicht selten hohe Summen für ihr Seelenheil und so entstanden in Palästina, aber auch im Abendland Besitzungen, die verwaltet werden mussten. Diese boten den jungen Ordensrittern die Möglichkeit, Karriere zu machen: Die Leitung der Orden hatte ein Großmeister inne, um den herum sich ein Hofstaat mit entsprechendem Prunk und attraktiven Posten in Verwaltung und Organisation entwickelte. Schenkungen blieben aber nicht die einzigen Einkommensquellen der Ritterorden. Reisende ins Heilige Land, kreuzfahrende Ritter genauso wie Pilger, brauchten Geld auf der langen Reise. Angesichts der zahlreichen Gefahren, die am Wegesrand lauerten, war es jedoch höchst gefährlich, mit gut gefüllten Taschen zu reisen. So wurden aus den findigen Rittermönchen Bankiers: Die Pilger zahlten in einer Niederlassung der Ritterorden in ihren Heimatländern Geld ein und bekamen einen Scheck dafür, den sie in Palästina nach Abzug einer Bearbeitungsgebühr wieder einlösen konnten. Ein einträgliches Geschäft für die Ordensritter

Knapp zweihundert Jahre nach der Eroberung Jerusalems durch die Kreuzfahrer büßten die Ritterorden 1291 mit dem Verlust der Festungsstadt Akko ihr letztes Wirkungsfeld ein. Die Christen mussten die muslimische Überlegenheit anerkennen und das Heilige Land verlassen.

Die Johanniterritter und die Ritter des jüngeren Deutschen Ordens (s. S. 125) fanden schnell neue Betätigungsfelder. Auch die Templer hatten beste Voraussetzungen, ihre Erfolge im Abendland fortzusetzen – immerhin zählte der Orden etliche Tausend Mitglieder, besaß Ländereien in ganz Europa und reichlich fließende Spenden hatten den Besitz des Ordens stetig wachsen lassen.

Doch wo Reichtum und Ruhm sich mehren, nimmt auch die Zahl der Neider zu. Jetzt rächte es sich, dass die Templer sich stets elitär gegeben hatten, nicht jeden Bewerber in ihren Reihen dulden wollten und selbst Philipp IV. dem Schönen (1285–1314), dem skrupellosen französischen König, einen Korb gegeben hatten. Der – besonders beim Templerorden – schwer verschuldete König schwor Rache und suchte nach Gründen, den Templern den Garaus zu machen. Gerüchte um unsittliche Aufnahmezeremonien mehrten sich. Mitglieder würden zu homosexuellen Praktiken gezwungen, munkelte man. Geschickt verstand es der König, den Papst unter Druck zu setzen. Die heilige Inquisition wurde eingeschaltet und die Templer der Ketzerei angeklagt und abgeurteilt. 1312 hob der Papst den Templerorden auf. Die militärische Elite Europas war zerschlagen worden. Der Besitz der Templer fiel zum Teil an die Johanniter, in Spanien ging er auf regionale Ritterorden über, in Portugal traten die Christusritter die Nachfolge des Templerordens an. In Frankreich dagegen übernahm der König den größten Teil ihres Besitzes.

Krak des Chevaliers, eine Kreuzritterburg in Syrien. Die von den Johannitern ab 1142 errichtete Burg konnte bis zu 2000 Ritter aufnehmen.

1098–1179
Hildegard von Bingen, Mystikerin und Heilkundige
1170
Gründung der El-Azhar-Universität in Kairo
1181 oder 1182
Geburt des Franz von Assisi
1187
Sultan Saladin schlägt den König von Jerusalem, erobert Akko und Jerusalem – Anlass für den Dritten Kreuzzug
1152–1190
Friedrich I. Barbarossa röm.-dt. Kaiser
1187–1192
Dritter Kreuzzug; Waffenstillstand mit Saladin
Um 1200
Niederschrift des Nibelungenliedes
1204
Venedig führt den Vierten Kreuzzug gegen Konstantinopel, plündert und zerstört die Stadt
1125–1229
Hochblüte der südfranzösischen Troubadour-Lyrik
1206
Mongolische Fürsten wählen Dschingis Khan zu ihrem Oberhaupt
1209–1229
Albigenserkriege mit Ausrottung der Katharer
1207–1231:
Hl. Elisabeth von Thüringen
Um 1210
Wolfram von Eschenbach, »Parzival«

Der Schrei nach Reformen

Laien, Priester, Mönche – so lautete die Rangfolge innerhalb der Kirche. Den Mönchen, die hinter Klostermauern ein asketisches Dasein führten oder führen sollten, galt die höchste Ehre. Weil aber die Forderung nach persönlicher Besitzlosigkeit nicht das Kloster an sich betraf, wurden viele Klöster reich und mächtig und vernachlässigten das geistliche Leben. Als diese Entwicklung einen ersten Höhepunkt erreicht hatte, hatten die Reformen der Cluniazenser und Zisterzienser eine Rückkehr zum mönchischen Ideal bewirkt – jedoch nur vorübergehend. Nach rund drei Jahrhunderten war der Glaubenseifer wieder erschlafft.

Differenzierter war die Welt der Orden im Hochmittelalter geworden: Fühlte sich der Hochadel nach wie vor zu den alten Orden hingezogen, so zog es die Mitglieder des Krieg führenden niederen Adels in die Ritterorden. Für die neue Gesellschaftsschicht des Bürgertums formierte sich eine neue Kategorie von Orden: die Bettelorden.

Das Zeitalter der Ritterorden und Kreuzzüge war auch das Zeitalter der Heiligen. Den Glauben des einfachen Volkes prägten die Sehnsucht nach dem Himmel und die Furcht vor der Hölle und die Jungfrau Maria und andere Heilige dienten als Vorbilder. Waren im frühen Mittelalter nur hochgestellte Persönlichkeiten zu Heiligen erklärt worden, so wurde der Personenkreis nun ausgeweitet. Wer den Märtyrertod erlitten hatte oder sein Leben der Askese und Menschenliebe geweiht hatte, hatte gute Chancen, in den Kanon der Heiligen aufgenommen zu werden. Zu dieser Zeit wurde ein Lichtgestalt geboren, die bis heute nichts von ihrer Faszination eingebüßt hat: Franz von Assisi.

Der heilige Franziskus (1181/82–1226), Gründer des Ordens der Minderen Brüder (später kurz »Franziskaner« genannt), lebte in einer unruhigen Zeit, einer Zeit weitreichender Veränderungen. Die Kluft zwischen Reich und Arm war zusehends größer geworden, in den Städten waren neue soziale Brennpunkte entstanden. Klerus und Vertreter der alten Mönchsorden erreichten das einfache Volk nicht mehr. Laienbewegungen wie Katharer und Waldenser, die Reichtum, Macht und Hierarchien der Kirche ablehnten, ein einfaches Leben führten und predigend durch die Lande zogen, forderten die Kirche heraus.

Auch Franziskus, der Kaufmannssohn aus dem umbrischen Assisi, predigte radikale Armut in der Nachfolge Christi. Sein Weg vom ehrgeizigen Karrieristen zum barfüßigen Bettler war ebenso erfolgreich wie folgenreich. Nach dem radikalen Bruch mit seinem Stand und seinen Privilegien scharte Franz eine Gruppe von Brüdern um sich. Einen Orden zu gründen war zunächst nicht sein Ziel. Jeder Bruder sollte in Freiheit seinen eigenen spirituellen Weg finden. Doch je größer die Gemeinschaft wurde, desto notwendiger wurden Regeln für das Zusammenleben. Um seine erste einfache Regel vom Papst bestätigen zu lassen, zog er nach Rom. Dort standen sich im April 1209 zwei

1210
Gottfried von Straßburg, »Tristan«
1215
»Magna Charta« in England
1220
Wahl Friedrichs II. zum röm.-dt. Kaiser
1231
Der Papst beauftragt die Dominikaner mit der Inquisition

Katharer und Waldenser

Die Bewegung der Katharer (griech. »die Reinen«) – auch Albigenser genannt, nach ihrer Hochburg, der Stadt Albi in Südfrankreich – war vor allem im 12. und 13. Jahrhundert eine der großen religiösen Bewegungen, die besonders in Südfrankreich, aber auch im Rheinland und Oberitalien zahlreiche Anhänger fand. Die Katharer standen abseits der katholischen Kirche, denn sie lehnten das Alte Testament ab, in dem sie den Schöpfergott einer bösen Welt beschrieben sahen. Jesus Christus war für sie die zentrale Person. Anders als die römisch-katholischen Priester gaben sich die katharischen Priester (und Priesterinnen) volksnah und predigten statt in Latein in der Sprache des Volkes, um breite Bevölkerungsschichten zu erreichen. Armut und Enthaltsamkeit galten als erstrebenswerte Tugenden – eine Provokation für die reiche katholische Kirche. Von der »heiligen« Inquisition wurden die Katharer als Häretiker gnadenlos verfolgt und schließlich ausgerottet. Später wurde vom Wort Katharer die abwertende Bezeichnung »Ketzer« für alle Abweichler von einem herrschenden Glauben abgeleitet. Die Laienbewegung der Waldenser wurde 1173 vom reichen Lyoner Tuchhändler Petrus Valdes gegründet, den das Gleichnis vom reichen Jüngling (Matthäus 19, 16–26) inspirierte, Hab und Gut zu verschenken und fortan als Wanderprediger durch die Lande zu ziehen. Er fand schnell Anhänger, die ein Christentum ohne Hierarchien und Machtpolitik lebten. Die Waldenser ließen die Bibel übersetzen, um sie lesen zu können, verurteilten die Heiligenverehrung und den Ablasshandel und ließen Laien öffentlich predigen. Die Kirche reagierte schnell: 1184 wurden die Waldenser – besonders wegen der Laienpredigt – auf der Synode von Verona vom Papst exkommuniziert. Seit dem 14. Jahrhundert waren sie in unterschiedlichen Gruppierungen in Europa verbreitet, aber immer wieder von der Inquisition bedrängt. Auszurotten waren sie nicht, aber erst 1848 wurde den italienischen Waldensern die Freiheit zur Ausübung ihres Glaubens zugestanden.

Franz von Assisi

Giovanni Bernardone wurde 1181 oder 1182 in Assisi als Sohn eines reichen Tuchhändlers geboren. Seine Mutter war Französin, deshalb wurde der Junge oft Francesco (»das Französchen«) gerufen. Als junger Mann ließ Franz kein Vergnügen aus, genoss so manches intime Abenteuer und träumte von militärischen Heldentaten, bevor er schließlich in die Fußstapfen seines Vaters trat. Warum ändert ein junger Mann, der eine glanzvolle Karriere als Geschäftsmann vor sich hat, sein Leben radikal, um sich in die Einsamkeit der Wälder zurückzuziehen und sein Leben fortan Gott zu widmen? Um die Bekehrung des Heiligen ranken sich zahl-

Franz von Assisi, Detail aus einem Fresko in der Unterkirche von San Francesco in Assisi. Er trägt das schlichte graubraune Habit der Franziskaner.

reiche Legenden. Gab die Begegnung mit Leprakranken, den Ausgestoßenen der Gesellschaft, den Anstoß? Oder war es die Stimme Gottes, die ihn auf den richtigen Weg führte? Eines Tages, so erzählt man, betete Franz in der halb verfallenen Kirche San Damiano bei Assisi vor dem Bild des gekreuzigten Christus, als er eine Stimme vernahm: »Franziskus, siehst du nicht, dass mein Haus in Verfall gerät? Geh hin und stelle es wieder her!« Franziskus nahm die Aufforderung wörtlich, schenkte dem Priester sein gesamtes Geld und verkündete seine Bekehrung. Der enttäuschte Vater legte den »närrischen« Sohn in Fesseln, woraufhin Franziskus das Elternhaus verließ, um nie zurückzukehren. »Nehmt nichts mit auf den Weg, weder einen Stab noch eine Tasche, noch Brot, noch Geld; auch sollt ihr nicht zwei Röcke haben. Und in dem Haus, in das ihr einkehrt, da bleibt, und von dort aus wandert weiter« (Lukas 9,3f.). Mit diesen Worten schickte Jesus die Apostel auf den Weg. Franziskus motivierten die Worte Christi, die Nachfolge des Gottessohnes anzutreten. Er suchte die Armut, die vollständige Besitzlosigkeit, die für ihn zur inneren Freiheit wurde, und zog als Wanderprediger umher. Die Menschen lauschten dem stimmgewaltigen Mann aus Assisi, der im Gegensatz zu den Priestern in der Sprache des Volkes predigte, hingebungsvoll.

Zwei Jahre vor seinem Tod wurde Franziskus seinem Vorbild Jesus auch äußerlich ähnlich und die Verbundenheit mit dem Gekreuzigten wurde durch Wundmale an Händen und Füßen (Stigmatisierung) sichtbar, erzählt man. Der Heilige starb 1226 in seiner Lieblingskapelle. Zwei Jahre später wurde er von Papst Gregor IX. heiliggesprochen.

Männer gegenüber, die kaum gegensätzlicher hätten sein können: Papst Innozenz III., der den Titel »Stellvertreter Christi« für die Päpste eingeführt hatte und Macht und Reichtum der Kirche symbolisierte, und Franziskus, der im Lumpengewand die radikale Nachfolge Christi predigte. Der Papst überraschte alle, indem er die erste Regel des Ordens der Minderen Brüder mündlich bestätigte. Ein Traum hatte seine Entscheidung beeinflusst, erzählt die Legende: Innozenz träumte, die Laterankirche bekäme Risse und drohte einzustürzen, als ein unscheinbarer kleiner Mann herbeieilte und das Säulenportal nur mit der Kraft seiner Arme stützte. In Franziskus hatte der Papst den Retter der Kirche, deren Fundamente gefährlich wankten, erkannt. In einem entscheidenden Punkt nämlich unterschied sich die Lehre des Franziskus von den zahlreichen Armutsbewegungen der Zeit: Franz von Assisi war ein sanfter Rebell, der fest auf dem Boden der katholischen Kirche stand. Im Gegensatz zu Katharern oder Waldensern verurteilte er nicht den Klerus, sondern setzte durch sein Leben ein Beispiel und führte so manchen Abtrünnigen zurück in den Schoß der Kirche.

Die Gemeinschaft der Minderen Brüder, die später nach ihrem Gründer »Franziskaner« genannt wurde, wuchs schnell und unterschied sich radikal von den alten Mönchsgemeinschaften, die sich in die Einsamkeit zurückgezogen hatten. Franziskus und seine Brüder wollten sich nicht hinter den sicheren Mauern eines Klosters verschanzen, sondern ihre Ideale inmitten der Welt leben.

Die Prediger des Dominikus

Dominikus (um 1170–1221), der Gründer des zweiten großen Bettelordens, war Spanier von Geburt. Er hatte früh den Kampf gegen Andersgläubige verinnerlicht, denn die Iberische Halbinsel wurde seit dem 8. Jahrhundert von Muslimen besetzt und im 12. Jahrhundert war das Land noch voll und ganz mit der Reconquista, der christlichen Rückeroberung, beschäftigt. Er stammte – anders als der Kaufmannssohn Franziskus – aus

Im Namen der Ketzer

»Ach, Meister«, seufzte ich, »mir scheint, ich bin nur ein tumber Tor. Es gelingt mir nicht, die akzidentalen Unterschiede zwischen den zahllosen Gruppen und Kategorien von Ketzern herauszufinden, heißen sie nun Waldenser, Katharer, Albigenser, Humiliaten, Beginen, Begharden, Lollarden, Lombarden, Joachimiten, Patarener, Apostoliker, lombardinische Pauperes, Arnoldisten, Wilhelmiten, Anhänger der Bewegung des freien Geistes oder Luziferaner und so weiter. Was soll ich nur tun?« »Ach, mein armer Adson«, lachte William und klopfte mir freundschaftlich auf die Schulter, »du hast vielleicht gar nicht so unrecht. Sieh mal, man könnte sagen: In den letzten beiden Jahrhunderten, oder auch schon länger, wird diese unsere Welt immer wieder durchweht von Böen des Aufruhrs, der Hoffnung und zugleich der Verzweiflung ... Oder nein, das ist keine gute Allegorie. Denk lieber an einen großen Fluss, einen mächtigen Strom, der über weite Strecken zwischen festen Dämmen einherfließt, so dass man genau weiß, wo der Fluss ist, wo der Damm und wo das feste Land. An einem bestimmten Punkt aber tritt der Strom über seine Ufer – aus Trägheit vielleicht, weil er schon zu lange und durch zu viele Länder geflossen ist, weil er sich dem Meer nähert, das alle Flüsse und Ströme in sich aufnimmt – und weiß selbst nicht mehr recht, wo sein wahres Bett ist. Er wird zu seinem eigenen Delta. Vielleicht bleibt noch ein Hauptarm bestehen, aber viele Seitenarme verzweigen sich in alle Richtungen, einige fließen auch wieder zusammen, und du kannst nicht mehr unterscheiden, was Ursache ist und was Wirkung, manchmal weißt du nicht einmal mehr, was noch Strom ist und was bereits Meer«.

Aus: Umberto Eco, Der Name der Rose, übersetzt von Burkhart Kroeber, München 1982

einer adeligen Familie. Vor der Geburt des Sohnes hatte seine Mutter einen seltsamen Traum: Sie sah einen kleinen Hund, der eine Fackel im Maul trug und damit die Welt entzündete. Vielleicht gab dieser Traum den Ausschlag dafür, die geistliche Laufbahn für Dominikus zu wählen. Und tatsächlich sollte er später als Prediger die Welt erleuchten und die Menschen für das Wort Gottes entflammen. Als Kanoniker trat er in das Domkapitel von Osma ein, doch das beschauliche Leben im Stift behagte ihm nicht. Lieber wollte er in die Welt hinausziehen und Ungläubige bekehren.

Der Papst beauftragte den unsteten Priester, sich gemeinsam mit Bischof Diego der Häretiker im Süden Frankreichs anzunehmen. Die beiden Spanier überquerten die Pyrenäen und trafen vor allem in den Städten auf einfache Menschen, die vom Wandel der Zeiten überrannt worden waren und in der Amtskirche keine Antworten auf ihre brennenden Fragen fanden. Dominikus spürte bald, dass sie sich von Äußerlichkeiten nicht blenden ließen, aber für Armutsideale im Sinne Christi höchst empfänglich waren. Aus diesem Grunde liefen sie in Scharen Katharern, Waldensern und anderen häretischen Gruppen zu. Dominikus musste diese mit ihren eigenen Waffen schlagen: Ein feuriger Prediger war er und die richtigen Argumente hatte er. Warum sollte es nicht möglich sein, die Massen zurück in den Schoß der Kirche zu treiben? Ähnlich wie die Wanderprediger der Katharer oder Waldenser zogen Dominikus und Bischof Diego fortan durch die Dörfer und warben wortstark für die Kirche.

In Toulouse, mitten im Stammland der Katharer, gründete Dominikus 1215 seinen Predigerorden auf der Basis der Kanonikerregel des Augustinus. Bald darauf wurde dieser vom

Inquisitionsgericht der Dominikaner, der hl. Dominikus führt den Vorsitz.
Gemälde von Pedro Berruguete, Ende 15. Jh.

Papst bestätigt. Die Expansion ließ nicht lange auf sich warten: Dominikus zog nach Rom, um Ordensniederlassungen zu gründen, schickte Brüder zur Mission in abgelegene Winkel der Welt – Dominikanermönche predigten in Grönland genauso wie in der Mongolei. Das Studium außerhalb der Klostermauern war für die Mitglieder der alten Orden undenkbar gewesen Franziskus – selbst ein gebildeter Mann – stand der wissenschaftlichen Bildung zunächst ganz und gar skeptisch gegenüber. Herzensfrömmigkeit und die »heilige Einfalt« ebneten für ihn den Weg zu Gott. Dominikus und seinen Brüdern dagegen lag die Ausbildung der

Ordensmitglieder von Anfang an am Herzen und bald waren Dominikaner auch in den berühmtesten Universitäten der Zeit präsent, in Bologna und Paris. Wie kein anderer Orden stellten sie die Bildung ins Zentrum ihrer Ordensgrundsätze und prägten maßgeblich das intellektuelle Leben des Hochmittelalters mit.

Klöster der Bettelorden

Hatten Mönch oder Nonne die Gelübde abgelegt, so schlossen sich die Tore des Klosters für immer hinter ihnen. So war es Tradition seit Benedikt von Nursia. Die Einheit des Ortes (*stabilitas loci*) war in der Benediktregel verankert und die Klostermauern trennten die geistige von der irdischen Welt. Meist lagen die Klöster in der Einsamkeit und bildeten eine kleine Welt für sich mit Ländereien, Werkstätten, Kirche, Bibliothek, Skriptorium, Hospiz und Pilgerherberge. Aber in die Welt zu gehen, zu missionieren oder zu predigen lag den Benediktinern wie auch den Zisterziensern fern.

Franziskus oder Dominikus erschien dieses Konzept nicht mehr zeitgemäß. Für sie stand der Dienst am Nächsten an erster Stelle, deshalb errichteten sie ihre bescheidenen Häuser in den Städten, meist an wenig attraktiven Plätzen, an der Stadtmauer oder in den Vorstädten. Prunk und Schmuck suchte man vergeblich, dafür waren die Häuser, die sich als Kommunen im Geiste Jesu verstanden, offen für Gäste. Besucher konnten mit den Mönchen im Refektorium speisen, Versammlungen der Dritten Orden (s. S. 129) konnten abgehalten werden und da die Häuser oft im Besitz der

Bettelordengotik

Schlicht und zweckmäßig waren die Kirchen und Klöster der Bettelorden. Wie schon die Zisterzienser zuvor verzichtete man auf Türme zugunsten von einfachen Dachreitern. Auch am Querhaus sparte man und eingewölbt wurde ausschließlich der Chor, den ein Lettner vom Bereich der Laien abtrennte. Das nüchterne und schmucklose Kirchenschiff war ganz und gar auf die Volkspredigt ausgerichtet, weshalb Kritiker auch abfällig von »Predigtscheunen« sprachen.

San Franceso in Assisi, die Grabkirche des hl. Franziskus, wurde 1253 geweiht.

Städte waren, tagte auch manchmal der Stadtrat im Kloster. Dafür verschwanden die Dormitorien. Die Dominikaner waren – abgesehen von den eremitischen Orden wie den Kartäusern – die Ersten, die Einzelzellen erlaubten.

Bei allen Gemeinsamkeiten der beiden Bettelorden: Legten die Franziskaner den Akzent ihres Wirkens auf die Seelsorge in den Städten, so stand im Mittelpunkt des dominikanischen Denkens die Bekehrungsarbeit. Dominikus selbst musste nicht mehr miterleben, dass der ehrenhafte Wunsch, das wahre Christentum zu verbreiten und das Ketzertum auszurotten, auch dunkle Seiten offenbarte. Die Dominikaner wurden 1231 von Papst Gregor IX. mit der »Heiligen Inquisition«, dem Aufspüren und Verfolgen von Ketzern, beauftragt. Handelten die frühen Inquisitoren wohl aus bester Absicht heraus, so wurden sie doch bald zu Protagonisten in einem der blutigsten Kapitel der europäischen Glaubensgeschichte. Wie die Ideale des hl. Benedikt oder des hl. Bernhard von Clairvaux, so wurden auch die Ideale des hl. Franziskus und des hl. Dominikus im Laufe der Jahre aufgeweicht. Gerade die Armutsfrage der Franziskaner führte immer wieder zu Abspaltungen innerhalb des Ordens.

Frauen im Kloster

Von Anfang an hatte das Klosterleben Frauen genauso wie Männer fasziniert: Schon unter die frühen Eremiten, die im 4. Jahrhundert in die Wüsten Ägyptens und Vorderasiens zogen, hatte sich Frauen gemischt; in Irland entwickelten sich parallel zu den Männerklöstern ab dem 5. Jahrhundert auch Frauenklöster; Scholastika, die Schwester Benedikts von Nursia, gründete in der Nachbarschaft von Montecassino ein Kloster und als Bonifatius von England aus im 8. Jahrhundert im Frankenreich missionierte, bat er seine Verwandte Lioba, Frauenklöster zu gründen.

Wege ins Kloster

Gründe für den Schritt ins Kloster gab es mehrere: An erster Stelle stand für Frauen wie Männer der Wunsch, das Leben Gott zu weihen. Besonders zur Zeit der Kreuzzugbegeisterung wurde ein asketisches Leben in der Nachfolge Christi für mehr und mehr Menschen attraktiv. So wie zahlreiche junge Leute in den 1980er-Jahren in indischen Ashrams verschwanden, suchten junge Menschen des 11./12. Jahrhunderts Erkenntnis und Sinn hinter Klostermauern. Viele Frauen wollten aber auch der Jungfrau Maria nacheifern und flohen vor den viel beschworenen »Sünden des Fleisches« ins Kloster. Häufig genug waren die Gründe auch wirtschaftlicher Art: Das Kloster diente als Versorgungsanstalt für unverheiratete Töchter. In Adels- und später in wohlhabenden Stadtbürgerfamilien wurde nicht selten ein beträchtlicher Teil des Vermögens aufgewendet, um zumindest eine Tochter in eine angesehene Familie einheiraten zu lassen. Die übrigen Töchter wurden ins Kloster geschickt. Auch verkrüppelte oder geistig zurückgebliebene Mädchen übergab man den frommen Schwestern und Witwen zogen oft das Kloster einer zweiten Ehe vor.

Sicher ist auch, dass für die Frauen des Hochmittelalters der Weg ins Kloster nicht unbedingt der Weg in die Verbannung war. Im Gegenteil, oft war es ein Weg in die Freiheit – wenn auch im Schutze hoher Mauern. Denn welche Alternativen hatte eine Frau? Nicht immer war die Perspektive von Ehe, Haushaltsführung und Kindererziehung verlockend. Bei einer Vielzahl von Schwangerschaften war die Gefahr groß, bei einer der Geburten im Kindbett zu

Roswitha von Gandersheim (um 938–973)

Hrosvit oder Roswitha, wie wir sie heute nennen, aus dem Stift Gandersheim war die erste bekannte deutsche Schriftstellerin. In lateinischer Sprache schrieb sie besinnliche, aber auch humorvolle und abenteuerliche Geschichten und Dramen, in denen Frauen als Heldinnen auftraten. Sie verfasste aber auch ein Versepos über Otto den Großen und eine Geschichte ihres Konvents. Kein Wunder, dass die Frauenbewegung im 20. Jahrhundert die Dichterin wiederentdeckte, die um 940 im Stift Gandersheim lebte

Roswitha von Gandersheim überreicht Otto dem Großen und dem Erzbischof von Mainz ihre Werke. Holzschnitt von Albrecht Dürer, 1501

Alltag im Kloster

Der Ansturm auf die Frauenklöster war im 11. bis 13. Jahrhundert so groß, dass nicht alle Kandidatinnen Aufnahme fanden. Theoretisch konnten auch Frauen aus niederen Ständen ins Kloster gehen. Dennoch blieben adelige Frauen in der Regel unter sich, weil eine Mitgift beim Eintritt ins Kloster erwartet wurde. Arme Familien konnten den Betrag kaum aufbringen, für Adelsfamilien war es jedoch günstiger, Töchter im Kloster unterzubringen, als sie standesgemäß zu verheiraten.

Das Gemeinschaftsleben der Benediktinerinnen unterschied sich kaum von dem ihrer Glaubensbrüder: Man unterteilte den Tag zwischen *opus dei* (Messen, Gebet, Chorgesang), *lectio divina,* der individuellen geistlichen Lesung, und der Handarbeit. Gemüse, Fleisch und Milchprodukte stammten aus eigener Produktion, das Brot wurde selbst gebacken, das Bier eigenhändig gebraut. In wohlhabenden Klöstern übernahmen Laienschwestern und Mägde die schwere Hausarbeit, während die Nonnen Textilien veredelten oder Bücher kopierten und illustrierten.

Jedem Nonnenkloster stand eine Äbtissin vor. Lediglich geistlichen Beistand musste man sich durch Priester von außen holen und um wirtschaftliche Fragen kümmerte sich ein Vogt. Er führte Verhandlungen und vertrat das Kloster in allen rechtlichen Fragen.

sterben. Nonnen hatten aber nicht nur eine sehr viel höhere Lebenserwartung – sie hatte vor allem Zugang zu Bildung. Die Klosterfrauen erhielten qualifizierten Unterricht, um die heiligen Schriften lesen zu können, und konnten ihren Interessen nachgehen – lesen, musizieren, schreiben oder sich mit Heilkunde beschäftigen. Sie hatten darüber hinaus die Möglichkeit, in der Klosterhierarchie aufzusteigen und Karriere zu machen. So bot das Amt einer Äbtissin Frauen die Möglichkeit, ihre Fähigkeiten in einer Führungsposition unter Beweis zu stellen.

Klöster und Damenstifte

Eine Alternative für Frauen, die nicht das Gelübde ablegen wollten, waren Kanonissenstifte (s. S. 123). Auch hier mussten Regeln eingehalten werden, aber die Frauen legten beim Eintritt kein Gelübde ab und konnten die Gemeinschaft jederzeit wieder verlassen, um z. B. zu heiraten, durften sich mit persönlichem Eigentum umgeben und Bedienstete beschäftigen. Die Abgrenzung zwischen Nonnenkloster und Stift war jedoch nicht immer eindeutig.

Die Blütezeit der Kanonissenstifte war das 10./11. Jahrhundert. Besonders im Herzogtum Sachsen entstanden im Früh- und Hochmittelalter zahlreiche Stifte. Sie wurden von herrschaftlichen Familien gegründet, oft von Herrscherinnen, die sich so Rückzugsorte und Witwensitze schufen. Einige wie Gandersheim, Quedlinburg oder Herford erlangten durch ihre Nähe zum Hochadel Bedeutung, verfügten über riesige Territorien und waren nicht selten Austragungsorte von Reichstagen. So waren die Stiftsdamen geübt im Umgang mit hohen Gästen und geschickte Eventmanagerinnen, die Großveranstaltungen souverän durchführen konnten. Überhaupt wurden die Fähigkeiten geistlicher Frauen hoch geschätzt. So setzte Kaiser Otto III., bevor er 998 nach Italien zog, seine Tante Mathilde, die Äbtissin des Stifts Quedlinburg war, als seine Stellvertreterin in Sachsen ein.

Hauptaufgabe der Stiftsdamen oder Kanonissen war das Fürbittegebet, aber auch in der Armen- und Krankenfürsorge waren sie tätig. Außerdem kopierten sie genauso wie Mönche Bücher und fertigten mit viel Geschick liturgische Gewänder oder Teppiche.

Dunkle Zeiten für Frauen

Das 12./13. Jahrhundert brachte gesellschaftliche Veränderungen, Reformen in der Ordenslandschaft und kühne neue Ideen. Für die Frauen jedoch brachen dunkle Zeiten an. Hatten die Benediktinerinnen unabhängig und selbstbewusst ihre Klöster verwaltet, so waren schon die Reform-Benediktiner Frauen gegenüber wenig aufge-

Eine Seite aus dem »Liber Divinorum Operum« der Hildegard von Bingen, um 1230.

Frauen im Kloster

schlossen. Die Aufnahme von Frauen in den Zisterzienserorden wurde zunächst ausdrücklich abgelehnt. Weil aber gerade die Abgeschiedenheit der Zisterzienserklöster der religiösen Frauenbewegung der Zeit entsprach, ließ sich das Verbot nicht aufrechterhalten und Anfang des 13. Jahrhunderts gab es bereits über 800 Zisterzienserinnenklöster.

Auch die neuen Orden, die Demokratie predigten, wollten von der Gleichberechtigung der Frauen nichts wissen. Franz von Assisi räumte zwar seiner Vertrauten Klara (s. S. 150) einen Randplatz in seiner Bewegung ein, doch ein franziskanischer Frauenorden war zunächst nicht vorgesehen. Zwar gestatteten die Bettelorden nach und nach Frauenorden als Zweite Orden, die Freiheiten der Ersten Orden durften die Ordensfrauen jedoch nie genießen. Wirkten Dominikaner und Franziskaner als Priester, Lehrer und Missionare außerhalb ihrer Klöster, so mussten die Nonnen ebenso von der Welt abgeschieden leben wie die Benediktinerinnen. Sie durften das Kloster nicht verlassen.

Mit dem Aufblühen der Städte verloren die Dom- und Klosterschulen ihr Wissensmonopol an die Universitäten, an denen sich die moderne Wissenschaft ausbildete. Ein schwerer Schlag für die Frauen, denn die Türen der Universitäten und der Zugang zu neuen Disziplinen, Inhalten und Methoden blieb ihnen verschlossen. Zwangsläufig richtete sich der Blick der Klosterfrauen nach innen.

Mystische Gotteserfahrung

Die stark gefühlsbetonte Frömmigkeit der Zeit ermutigte die Frauen, sich in Leben und Leiden Christi einzufühlen und förderte mystische Erfahrungen. So entstanden im Hochmittelalter die Schriften der Mystikerinnen, in denen sich eine sehr individuelle und gefühlsbetonte Gotteserfahrung, aber auch die Suche nach Selbsterkenntnis und Selbsterfahrung äußert. Ein Zentrum der Frauenmystik dieser Zeit war Kloster Helfta, wo Mechthild von Hackeborn, Gertrud von Helfta und Mechthild von Magdeburg lebten und schrieben.

1356
Goldene Bulle regelt als Reichsgrundgesetz Königswahl im röm.dt.Reich

1414–1418
Konzil von Konstanz

1403–1424
Ausbau der Großen Mauer in China auf 2450 km

Um 1445
Johannes Gutenberg erfindet den Buchdruck mit beweglichen Lettern

1453
Muslimische Türken erobern Konstantinopel

1452–1519
Leonardo da Vinci

1492
Kolumbus entdeckt Amerika

1492
Ende der islamischen Herrschaft auf der Iberischen Halbinsel – Abschluss der Reconquista

1510
Peter Henlein erfindet die Taschenuhr

1517
Martin Luther veröffentlicht an der Schlosskirche zu Wittenberg seine 95 Thesen

1534
Gründung des Jesuitenordens in Paris

1534
Druck der dt. Bibelübersetzung von Martin Luther

1555
Reichstag von Augsburg

1545–1563
Konzil von Trient

1562–1598
Hugenottenkriege in Frankreich

1582
Gregorianischer Kalender

Nährboden der großen Krisen

Der Nährboden der Krise im Katholizismus und damit auch im Klosterwesen wurde schon im 14. Jahrhundert geschaffen, einer Epoche der Schrecken auf allen Ebenen: Seuchen wie die Pest überrollten Europa ebenso wie Missernten und daraus folgende Hungersnöte. Der Hundertjährige Krieg zwischen Frankreich und England, aber auch Bürgerkriege in Italien und anderswo destabilisierten Europa. Zudem hatten die Päpste das freiwillige Exil in Avignon in Frankreich gewählt. Weltliche Fürsten wie auch die Kirche hatten keine Antworten zur Lösung der Krisen, konnten den Menschen, die mit Leid und Tod konfrontiert waren, keine hilfreichen Ratschläge geben. Überall herrschten Verunsicherung und Perspektivlosigkeit. Ab 1379 begann die Zeit des Schismas: Es gab zwei Päpste, einen in Rom, den anderen in Avignon, die sich gegenseitig nicht anerkannten und die Anhänger des Gegners exkommunizierten. Dieses Chaos steigerte sich bald auf die Anzahl von drei gleichzeitigen Päpsten.

Das Konzil von Konstanz (1414–1418) konnte zwar das Schisma beenden und den neuen, allseits anerkannten Papst Martin V. nach Rom entsenden sowie einige innerkirchliche Reformen in Gang setzen. Eine umfangreiche Reform der Kirche von innen heraus war aber nicht gelungen. Wenige Klöster nahmen die Reformenideen der Konzilien von Konstanz und Basel (1431–1449) auf und gruppierten sich zu Reformkongregationen. Beispiele hierfür waren das Kloster Melk an der Donau und die Abtei Bursfelde bei Göttingen. Die Mehrheit der europäischen Klöster hielt jedoch an den alten Strukturen fest, die beim Volk mehr und mehr auf Unmut stießen. Der sittliche und moralische Verfall, der überall in der katholischen Kirche zu erkennen war, hatte auch die Klöster erreicht. Mönche und Nonnen waren schlecht ausgebildet, ihre Lateinkenntnisse so mangelhaft, dass sie das Chorgebet nicht mehr korrekt sprechen konnten, der Chorgesang verkam zur Lächerlichkeit. Die einst so blühenden Bibliotheken verfielen, wertvolle Werke wurden alleine wegen des Gewinns verkauft. Die meisten Klöster verfielen auch wirtschaftlich; umfangreiche Besitzungen wurden verkauft, um einen hohen Lebensstandard der Mönche und Nonnen aufrecht erhalten zu können. Das Leben der Gemeinschaften verkam zur Dekadenz, man schlief und aß nicht mehr gemeinsam, sondern lebte einzeln in komfortablen Wohnungen mit eigenem Dienstpersonal, empfing Besuche und nahm rege am gesellschaftlichen Leben teil. Von Klausur konnte keine Rede mehr sein. Auch in den Orden, die bei ihrer Gründung das Armutsideal besonders hervorgehoben hatten – wie die Zisterzienser –, lebten die Mönche und Nonnen in herrschaftlichem Wohlstand. Dieser äußere und innere Verfall des Klosterlebens wurde natürlich auch von außen erkannt, der Adel der Umgebung schickte nur noch wenige Söhne und Töchter als Nachwuchs, die Konvente schrumpften.

1618–1648
Dreißigjähriger Krieg
1633
Inquisitionsprozess gegen Galileo Galilei
1643–1715
Ludwig XIV. König von Frankreich
1773
Abschaffung des Jesuitenordens
1789
Ausbruch der Französischen Revolution
1803
Reichsdeputationshauptschluss in Regensburg
1806
Auflösung des Heiligen Römischen Reiches Deutscher Nation

Reformation

Die durch Martin Luther in Deutschland, Johannes Calvin und Ulrich Zwingli in der Schweiz angestoßene Erneuerungsbewegung des Christentums breitete sich wie ein Lauffeuer aus und wurde von vielen Menschen, die nach Befreiung und Neuorientierung suchten, mit Begeisterung angenommen. Endlich war auch den weniger Gebildeten die Bibel durch Luthers Übersetzung ins Deutsche zugänglich geworden, konnten sie die Liturgie des Gottesdienstes in deutscher Sprache nun verstehen und mit vollziehen. Gerne löste man sich vom Druck der katholischen Kirche, die auch in Gestalt der Klöster die Menschen moralisch-ethisch und wirtschaftlich in Abhängig-

Martin Luther verbrennt 1520 in Wittenberg öffentlich das päpstliche Schreiben, das ihn mit dem Kirchenbann bedroht.

Wehrhaft und zinnenbekrönt: der Palast der Päpste in Avignon.

keit hielt. Auch viele Reichsfürsten bekannten sich zur Reformation, weniger aus religiöser Überzeugung, eher, um sich aus der politischen Abhängigkeit von Kaiser und Papst zu lösen, die Ländereien der Klöster unter ihre Herrschaft zu bringen und damit die eigene Macht auszubauen. Es kam zu bewaffneten Auseinandersetzungen zwischen Katholiken und Protestanten, dabei wurden Klöster gestürmt und geplündert, die Mönche und Nonnen vertrieben. So manch ein Konventmitglied lief gar freiwillig zu den Reformierten über, zumal ja auch Luther selbst als Augustinereremit aus dem Kloster kam, ebenso wie viele seiner engsten Getreuen und auch seine spätere Frau, die ehemalige Zisterzienserin Katharina von Bora.

Mit dem Augsburger Religionsfrieden 1555 fanden die politischen und religiösen Auseinandersetzungen ein vorläufiges Ende, ihre Lösung gipfelte in der Formel *cuius regio, eius religio* (wessen Land, dessen Religion). So konnte also der Landesherr oder der Magistrat der Reichsstädte über die Konfession der Untertanen bestimmen. Dieser Friedensschluss brachte dann die Auflösung fast aller übriggebliebenen Klöster in den

Caritas Pirckheimer – eine streitbare Äbtissin

Im Frühjahr 1525 beschloss der Rat der Stadt Nürnberg die Einführung der Reformation für die freie Reichsstadt. Die Mönche und Nonnen der Klöster sollten von ihren Gelübden entbunden, die Klöster so bald wie möglich aufgelöst werden. Die Äbtissin des Nürnberger Klarissenklosters, Caritas Pirckheimer, widersetzte sich diesem Beschluss. Sie entstammte einer alten Nürnberger Patrizierfamilie, die zu den wohlhabendsten und einflussreichsten der Stadt gehörte. Schon als Kind hatte sie eine umfassende Bildung erfahren. Ab 1479, mit 12 Jahren, besuchte sie die Klosterschule der Klarissen, mit 16 Jahren konnte sie schließlich dem Orden beitreten. Sie pflegte weiterhin regen Kontakt zu ihrem jüngeren Bruder Willibald Pirckheimer, einem berühmten Humanisten, und auch zu dessen Freund, dem Maler Albrecht Dürer. Der Kontakt erfolgte meist schriftlich, konnte aber auch am Redefenster stattfinden, das allerdings mit einem dunklen Tuch verhüllt war. Willibald ließ der Schwester viele Werke des Humanismus zukommen, auch jene des Erasmus von Rotterdam. Sie fanden in der Klosterbibliothek ihren Platz. Caritas Pirckheimer wurde mit 36 Jahren Äbtissin und legte in dieser Funktion größten Wert auf eine gute Ausbildung ihrer Nonnen. Sie lernten alle Latein und erhielten zudem eine umfassende humanistische Bildung, um sich zeitgemäß mit ihrem Glauben auseinandersetzen zu können. Als nun der Nürnberger Rat den Franziskanern verbot, weiterhin zu predigen und die Beichte abzunehmen, ging den Klarissen, die den weiblichen Zweig des Franziskanerordens bildeten, ein wichtiger Teil ihres religiösen Alltags verloren. Es wurde ihnen gar ein protestantischer Prediger aufgezwungen. Da Caritas Pirckheimer sich von diesem nicht zur Beichte zwingen lassen wollte, verzichtete sie mit ihren Mitschwestern künftig darauf, ebenso auf die heilige Messe, die Kommunion und die Sterbesakramente. Der Rat schritt nicht ein, als einige Mütter mit Gewalt ihre Töchter gegen deren Willen aus dem Konvent holten. Schließlich versuchte der Rat der Stadt mit Hilfe des Humanisten und Lutherfreundes Philipp Melanchthon die streitbare Äbtissin zur Aufgabe zu bringen. Er war nach Nürnberg gekommen, um eine neue Schule zu gründen, und begab sich nun zu einem längeren Gespräch mit Caritas Pirckheimer. Das Ergebnis fiel allerdings völlig anders als erwartet aus: Melanchthon hatte die Ungerechtigkeiten erkannt, die die Nonnen zu erleiden hatten, und klagte seinerseits den Stadtrat an. Das Ergebnis war, dass das Klarakloster nicht aufgelöst wurde und keine weiteren Repressalien zu erleiden hatte. Allerdings durften keine neuen Nonnen mehr eintreten. Caritas Pirckheimer starb 1532 mit 65 Jahren, erst 1591 starb schließlich die letzte ihrer Mitschwestern und das Kloster wurde nun doch noch aufgelöst.

protestantischen Gebieten mit sich, andere konnten wiederbelebt werden, wenn sie in katholischen Herrschaftsgebieten lagen. Die evangelischen Christen lehnten wie Martin Luther das Klosterwesen zunächst ab. Manche protestantischen Obrigkeiten gestanden einigen Klöstern ein Weiterbestehen bis zum Tode der letzten Mönche und Nonnen zu. Viele Kirchen- und Klosterbauten wurden abgerissen, andere neuen Zweckbestimmungen zugeführt, zum Beispiel in Schulgebäude umfunktioniert. Noch heute kann man Kirchenruinen besichtigen, deren Klöster mit der Reformation aufgelöst wurden. Besonders romantische Beispiele sind Paulinzella in Thüringen, Chorin bei Eberswalde und Eldena nahe Greifswald. Letzteres wurde ein berühmtes Motiv des romantischen Malers Caspar David Friedrich.

Die Reformation in England hatte in erster Linie politische Gründe. Heinrich VIII. wollte die Abhängigkeit vom Papst lösen, um sich von seiner ersten Frau scheiden lassen zu können und gründete die Anglikanische Kirche, deren Oberhaupt nicht mehr der Papst, sondern der König von England war und bis heute ist.

Die katholische Kirche reagierte mit dem Konzil von Trient (1545–1463) auf den Schock der Reformation. Sie versuchte, die im 15. Jh. angestoßenen Reformen zu intensivieren, Auswüchse in Klerus und Kurie wurden beseitigt und weitere Reformen beschlossen. Die Priesterausbildung wurde neu geregelt, der Missbrauch im Pfründe- und Ablasswesen streng geahndet. Neue

Klosterruine Eldena, Gemälde von Caspar David Friedrich, 1830–35.

Il Gesú in Rom.
Die Hauptkirche des
Jesuitenordens wurde
zum Leitbild für katho-
lische Kirchenbauten
des Barock.

Orden oder neue Zweige der alten Orden entstanden,
wie die Barnabiten, Kapuziner (neuer franziskanischer
Ordenszweig), Ursulinen (weiblicher Erziehungsor-
den). Der Jesuitenorden war zwar 1540 nicht aus diesem Anlass gegründet worden (s. S. 140), leitete aber
bald die Gegenreformation ein, wozu er eigens durch
den Papst beauftragt wurde. Hierzu gehörten auch
Maßnahmen zur Rekatholisierung protestantischer
Territorien, man wollte nicht so ohne Weiteres auf die
wirtschaftliche und politische Macht in diesen Gebieten verzichten. Bestes Beispiel dafür ist Polen, das
schon in weiten Teilen reformiert war und durch den
Einsatz der Jesuiten gänzlich zum Katholizismus zu-
rückfand. Die Aktivitäten zur Rekatholisierung gipfelten
im Dreißigjährigen Krieg (1618–1648), einem schreck-
lichen Blutbad, das große Teile Europas in entsetzlich-
es Elend stürzte. Danach waren viele Territorien neu
verteilt, der Katholizismus gewann besonders in Süd-

deutschland und in den Habsburgischen Landen wieder an Macht und Einfluss. Von großer Bedeutung waren neben den mächtigen Fürstbistümern wie Mainz, Köln, Trier, Bamberg, Würzburg und Fulda auch die Fürstabteien. Diese Klöster wurden zu herrschaftlichen Barockresidenzen ausgebaut, ihre Fürstäbte regierten als mächtige Landesherren über ein weites Umland. Beispiele sind Kempten im Allgäu, St. Emmeran in Regensburg, Fulda und St. Gallen in der Schweiz.

Nach außen manifestierten sich die Aktivitäten der Gegenreformation in prächtigen barocken Neubauten, an erster Stelle Klosterkirchen und Klostergebäuden wie Kempten, Ottobeuren, Neresheim, Banz, Weingarten, Klosterneuburg, Neustift, Kremsmünster und Stams. Marienkult und verstärkte Heiligenverehrung ließen das Wallfahrtswesen zu diesen Klosterkirchen florieren. Auch kleinere Klöster und religiöse Gemeinschaften bauten neu, die mittelalterliche Bausubstanz war überall schadhaft, die Kriegszerstörungen hatten die Gebäude oft unbewohnbar gemacht. Die Klöster erlangten neues Selbstbewusstsein und neuen Wohlstand, Wissenschaften und Künste blühten. Die meisten Klöster unterhielten eine Schule und nahmen so wieder großen Einfluss auf das Geistesleben Europas.

Säkularisation

Der Zeitgeist der Aufklärung, der von England, Frankreich und den Niederlanden auch ins übrige Europa wehte, empfand die wirtschaftliche und politische Macht der Kirche als gefährlich und nicht mehr zeitgemäß. Ab der Mitte des 18. Jahrhunderts wurde in Literaten- und Politikerkreisen immer häufiger die Entmachtung der Kirche diskutiert. In Frankreich lösten Ludwig XV. und Ludwig XVI. schon in den 30 Jahren vor der Französischen Revolution fast 400 Klöster auf. Kaiser Josef II. löste zwischen 1780 und 1790 etwa 700 Ordenshäuser in den habsburgischen Erblanden auf. 1773 löste Papst Clemens XIV. unter dem Druck des Pariser Hofes und anderer Herrscher den Jesuitenorden auf. Auch in Spanien und Portugal kam es in der zweiten Hälfte des 18. Jahrhunderts zu vielen Klosterauflösungen.

Die Französische Revolution ab 1789 bewirkte in ganz Europa eine Lawine von Klosterauflösungen und Enthebungen von Bischöfen. In Frankreich ging dieser Prozess am weitesten. Alle Kirchengebäude wurden verstaatlicht, alle Klöster aufgehoben, die Kirche gänzlich ihres Besitzes enthoben. Die Kirchen- und Klostergebäude wurden weltlich genutzt, oft versteigert oder auch zerstört. Die großartige Klosterkirche von Cluny wurde abgerissen, die Abteikirchen Fontevraud und Mont-Saint-Michel in Gefängnisse umgewandelt, viele andere Kirchen in Pferdeställe oder Fabriken. Noch heute kann man die Ruinen berühmter Klosteranlagen besichtigen, wie zum Beispiel Jumièges in der Normandie oder Cluny in Burgund.

Die Eroberungspolitik Napoleons trug die Ideen der Französischen Revolution auch in die Nachbarländer. Anstoß für die große Säkularisation im deutschen Reichsgebiet gab der Verlust der linksrheinischen Gebiete im Frieden von Lunéville 1801 an Frankreich. Die geschädigten Landesfürsten sollten durch den Erhalt von umfangreichen Kirchengütern entschädigt werden. Um dieses Vorgehen auf rechtliche Füße zu stellen, wurde eine außerordentliche Reichsdeputation nach Regensburg einberufen. Die Politiker, die hier unter dem Diktat Frankreichs verhandelten, legten schließlich am 25. Februar 1803 den Reichsdeputationshauptschluss vor, den sie auch gleich zum Reichsgesetz erhoben: Fast alle geistlichen Reichsstände, also Hochstifte,

Der Dritte Stand zerbricht seine Ketten, während Adel und Klerus die Flucht ergreifen. Karikatur aus der Zeit der Französischen Revolution.

Säkularisation
Säkularisation ist ein mehrdeutiger Begriff. Im weiteren Sinne meint er eine Verweltlichung der Gesellschaft, im engeren Sinne die Enteignung kirchlicher Besitztümer durch weltliche Machthaber. Meist wird der Begriff Säkularisation gleichgesetzt mit der Auflösung der Kirchengüter durch den Reichsdeputationshauptschluss 1803 in Regensburg.

Auch Kloster Welten-
burg wurde 1803 auf-
gelöst; dass heute hier
wieder Benediktiner le-
ben, ist König Ludwig I.
zu verdanken, der es
1842 erneuerte. Die
Abtei- und Pfarrkirche
mit dem Deckenfresko
»Triumphierende Kirche«
von C. D. Asam gilt als
größtes Juwel des bay-
erischen Hochbarock.

Domkapitel, Reichsklöster und Reichsstifte, wurden
aufgelöst, ihr Besitz und ihre Untertanen gingen an
weltliche Herrscher über. Fast 100.000 km² Grundfläche wechselten ihre Besitzer, über drei Millionen
Menschen gerieten unter neue Herrschaft. Damit
erlebte Deutschland die größten territorialen Umwäl-
zungen seiner bisherigen Geschichte. Die Landesherren
erhielten nun auch das Recht, kleinere Klöster und
Stifte einzuziehen, wovon besonders der Kurfürst von
Bayern und der Herzog von Württemberg reichlich
Gebrauch machten. Der Reichsdeputationshauptschluss ging weit über die eigentliche Entschädigung
der durch die Napoleonischen Kriege betroffenen Fürsten hinaus. Er galt für alle Territorialherren und betraf
somit fast alle kirchlichen Güter. Die Folgen waren für
die Klöster katastrophal: Die Gebäude wurden entwe-
der auf Abbruch verkauft oder vom Staat übernommen
und als Gefängnisse (wie Kloster Ebrach im Steigerwald), Krankenhäuser, Kasernen oder Verwaltungsge-
bäude genutzt. Aus städtischen Klöstern wie in München wurden staatliche Schulen, Wohnungen oder Bü-
ros für verschiedene Ministerien. Wertvolle Kunst- und

Kultgegenstände und die Werke vieler Klosterbibliotheken wurden verstreut – eine kulturelle Katastrophe.

Auf der anderen Seite öffneten sich neue Chancen:
Das Germanische Nationalmuseum in Nürnberg wurde im 19. Jahrhundert in einem schon während der Reformation aufgelösten Kartäuserkloster eingerichtet
und präsentiert reiche Kunstschätze ehemaliger städ-
tischer und umliegender Klöster einem breiten Pub-
likum. Die Münchner Hofbibliothek, heute Bayerische
Staatsbibliothek, konnte durch die Auflösung der Klosterbibliotheken einen umfangreichen Bestand von
Handschriften übernehmen. Viele Kulturschätze gingen
aber auch unwiederbringlich verloren. Mit der Schlie-
ßung der Klosterschulen kam es besonders auf dem
Land zu einer geistigen Verarmung, in den Städten
übernahmen die Kommunen die Schulen. Die fast
völlige Enteignung der Kirche durch die Säkularisation
führte zu einer innerkirchlichen Neubesinnung. Bereits 1835 konnte der bayerische König Ludwig I. schon
wieder neue Klöster gründen (St. Bonifaz in München)
oder aufgegebene wie Weltenburg, Metten oder Schäft-
larn neubeleben.

Eines von vielen Klös-
tern, die nach dem
Reichsdeputationshaupt-
schluss aufgelöst wur-
den, ist die Benediktine-
rinnenabtei Frauenalb
im Schwarzwald. Die
Gebäude wurden als
Brauerei und Fabrik ge-
nutzt, bis ein Brand
1853 große Teile zer-
störte.

Architektur der Klöster

Von einer einheitlichen Klosterarchitektur kann man
eigentlich erst sprechen, seit die Benediktregel mit
Hilfe des St. Galler Klosterplanes Anfang des 9. Jahrhunderts in eine architektonische Form gegossen wurde. Das viel ältere Klosterwesen im östlichen Mittelmeerraum und die älteste abendländische Mönchsregel des Augustinus aus dem 4. Jahrhundert kannten
keine Bauvorschriften für Klöster. Die frühen Klöster
der Ostkirche entwickelten sich im 4. Jahrhundert aus
den Einsiedlerkolonien in Ägypten. Schon ein Jahrhundert später gab es mächtige Klosteranlagen in Syri-
en, Palästina und Ägypten. Gemeinsam war ihnen eine
vollständige Ummauerung, eine Kirche und ein gemeinsamer Speiseraum. Wenn es überhaupt einheitliche Formen in dieser frühen Klosterarchitektur gab,
dann entstamten sie ausschließlich der hellenistischen
Baukunst. Erst die klare Struktur der Benediktregel aus
dem 6. Jahrhundert ermöglichte eine Umsetzung der
Regel in eine eigenständige Architektur. Zur Entstehung des berühmten Klosterplanes von St. Gallen war
die Vereinheitlichungspolitik unter den Karolingern
unmittelbare Voraussetzung: Karl der Große betrieb
neben der Vereinheitlichung von Geld, Schrift und
Gesetzgebung in seinem Riesenreich auch die Vereinheitlichung der Klosterregeln. Dies gelang schließlich
seinem Sohn und Nachfolger Ludwig dem Frommen
mit Hilfe des südfranzösischen Mönches Benedikt von
Aniane auf den Synoden in Aachen 816 und 817. Für
alle Klöster des Frankenreiches galt jetzt einheitlich die
Benediktregel.

Zu den architektonischen Vorläufern des St. Galler
Klosterplanes kann man die Abteien Jumièges und
Fontenelle (heute St. Wandrille) in der Normandie
zählen. Diese beiden fränkischen Großklöster wurden
im 7. Jahrhundert gegründet. In Jumièges entstand der
erste Kreuzgang des christlichen Abendlandes. Beide
Klöster hatten neben den Kreuzgängen auch Dormitorien und Refektorien, also gemeinsame Schlaf- und
Speisesäle für die Mönche. Die byzantinischen Klöster

Die Ruinen der Abtei-
kirche von Jumièges
(Normandie); hier ent-
stand der erste Kreuz-
gang des christlichen
Abendlandes.

im Osten kannten diese Form des Gemeinschaftslebens nicht, dort lebten die Mönche auf dem Klostergelände in sogenannten Lauren, die Einsiedlerklausen
sehr ähnlich waren. Diese Lebensform hatten auch
frühe abendländische Klöster wie St. Martin in Tours
übernommen.

Der Klosterplan von St. Gallen

Mit der einheitlichen Einführung der Benediktregel in
allen Klöstern des Frankenreiches war die Zeit reif für
die Entstehung des St. Galler Klosterplanes. Dabei handelt es sich um einen Klosterentwurf auf fünf zusam-
mengenähten Pergamentstücken, die zusammen 112 x
77,5 cm groß sind. Er befindet sich heute in der Stiftsbibliothek der ehemaligen Benediktinerabtei St. Gallen
in der Schweiz. Sein Wert ist kirchengeschichtlich, his-
torisch und kunsthistorisch unschätzbar und brachte
deshalb im Jahr 1983 der Bibliothek die Aufnahme in
die Liste des Weltkulturerbes der UNESCO ein. Der
Name bezieht sich auf den Aufbewahrungsort, denn
angefertigt wurde der Plan mit großer Sicherheit nicht
in St. Gallen, sondern im Skriptorium des Klosters
Reichenau im Bodensee. Wir wissen heute, dass Abt

Klosterplan von St.
Gallen, Umzeichnung.

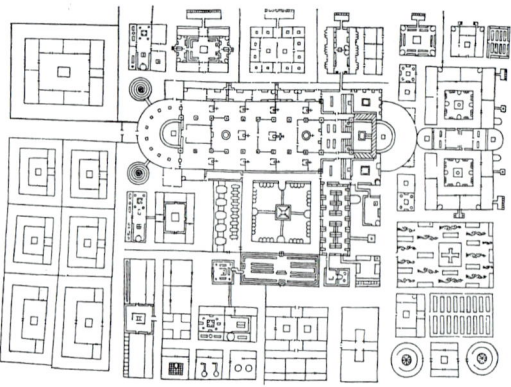

Haito von Reichenau eine herausragende Stellung am
Hofe Kaiser Ludwigs des Frommen hatte. Er muss an
der Diskussion des Reformprogramms für die karolingischen Klöster beteiligt gewesen sein, das Benedikt
von Aniane entworfen hatte und das bei den Synoden
von 816 und 817 verhandelt und verabschiedet wurde.
Er sandte Mönche seines Klosters nach Aachen, die
dort eine Abschrift der Benediktregel kopierten, die
Karl der Große wenige Jahre zuvor in Monte Cassino
von einer sehr alten Handschrift hatte anfertigen lassen. Er ließ sich auch die Ergebnisse der Synoden bringen und muss aus diesem Grund die Benediktregel
und ihre Auslegungen genauestens gekannt haben.
Zudem war Haito ein engagierter Baumeister: Für sein
Kloster Reichenau ließ er von 806 bis 816 eine neue
Kirche erbauen, das noch heute zu bewundernde Ma-
rienmünster, gleichzeitig entstand in Basel, wo er Bischof war, ein neuer Dom. So ist leicht nachzuvollziehen, dass Haito auch den Klosterplan von St. Gallen
in Auftrag gegeben hat. Er war laut einer Beischrift als
Geschenk für Abt Gozbert (816–836) von St. Gallen bestimmt. Die beiden Abteien lagen kaum 50 Kilometer
auseinander und standen in regem Kontakt zueinan-
der. Man lieh sich gegenseitig Schriften aus, um sie zu
studieren oder zu kopieren.

Da der wertvolle Klosterplan schon seit dem 18. Jahrhundert Gegenstand der Forschung ist, wissen wir

heute sehr viel über ihn. Erstellt wurde er von zwei Mönchen des Klosters Reichenau, sie waren erfahrene Schreiber und sind an ihrer unterschiedlichen Gestaltung der mittelalterlichen Buchstaben zu identifizieren. Der erste war Walahfrid Strabo, Mönch in Reichenau und Fulda, der 829 wieder auf die Insel Reichenau zurückkehrte und später dort Abt wurde. Der zweite war Reginbert, der Leiter des Reichenauer Skriptoriums, der vorher dem St. Galler Abt Gozbert, für den der Plan bestimmt war, vorgesetzt war und ihn deshalb in einer Beischrift am Rande des Planes auch als »Geliebter Sohn« ansprechen durfte.

Auf der Suche nach dem Vorbild für die Klosterkirche auf dem Plan stießen die Wissenschaftler auf den damaligen Neubau des Kölner Domes, der ebenso wie auf dem Plan zwei gegenüberliegende Apsiden hatte. Noch mehr Gemeinsamkeiten findet man jedoch zwischen der Kirche des Planes und dem Neubau des Reichenauer Marienmünsters. Die Altaranordnung und die Titelheiligen sind sogar identisch.

Bis heute streiten die Forscher darum, ob der Klosterplan eine Vorlage für ein reales Benediktinerkloster war oder eine Utopie, also der Plan für ein ideales, nicht zu verwirklichendes Kloster, wo die Regel in architektonische Ordnung umgewandelt wurde. Beide Standpunkte haben ihre stichhaltigen Argumente: Die genauen Maßangaben für die Abteikirche lassen auf einen realen Bauplan schließen, hingegen weisen die Zeichnungen der Werkstätten, Ställe und Hirtenunterkünfte auf einen idealtypischen Plan hin, der in seinem Bestreben nach Vollständigkeit nicht realisierbar war. Auch über die Datierung des Plans gehen die Meinungen auseinander. Die Werkstätten liegen zudem zu nahe beieinander, was bei der damaligen Feuergefahr unrealistisch war. Auch über die Datierung des Plans gehen die Meinungen auseinander, die Angaben liegen zwischen 816, dem Jahr der ersten anianischen Reformsynode, und 837, dem Ende der Abtszeit von Gozbert. Häufig wird in der Literatur das Jahr 820 als Entstehungsjahr genannt.

Dargestellt ist eine benediktinische Klosteranlage, wie sie in karolingischer Zeit seit der anianischen Reform als vorbildlich gesehen wurde. Die mehr als 40 Gebäudegrundrisse, Inneneinrichtungen und Gartenanlagen sind in roter, erklärende Texte in dunkler Tusche gezeichnet. Markant und neu für die damalige Zeit ist die Aufteilung des Klosterkomplexes in fünf Bereiche: Der Abteikirche folgt südlich die Klausur, die den Mönchen vorbehalten und für Außenstehende nicht zugänglich ist. Dazu gehören der Kreuzgang mit umgebendem Dormitorium, Wärmestube, Refektorium, Kleiderkammer und Vorratsraum. Im Osten der Kirche liegen zwei eigene kleine Klöster für die Novizen und die Kranken, die sich gemeinsam eine Kapelle teilen. Sehr detailgenau sind Bäder, Ärztehaus, Aderlasshaus und ein Heilkräutergarten zu erkennen. Im Norden der Hauptkirche ist der Herrschafts- und Gästeflügel zu finden. Das Abtshaus ist sehr repräsentativ mit zwei Arkadenhallen und zwei großen Kaminen gezeichnet. Südlich der Klausur der Mönche finden sich die Dienst- und Wirtschaftsgebäude. Mühle, Stampfe und Darre wechseln sich ab mit den Wohnhäusern für die Handwerker und den Nutzgärten. Ganz im Westen befinden sich die Stallungen für Pferde, Kühe, Ochsen, Schweine, Ziegen und Schafe mit den jeweiligen Hirtenunterkünften.

Der Klosterplan setzt zum ersten Mal baulich um, was die Benediktregel fordert: Gebet und Arbeit in einem funktionalen Gefüge von Raumgruppen, das die streng abgeschlossene Klausur ebenso berücksichtigt wie den Kontakt nach außen, das Betreiben einer Schule, den Empfang von Gästen und Pilgern. Die landwirtschaftlichen Aufgaben sind ebenso erwähnt wie die Selbstversorgung aus dem Obst- und Gemüsegarten und die klostereigenen Handwerksbetriebe. Schließlich sind auch Probe- und Ersatzklausur für Novizen und Kranke zu finden.

Der Klosterplan ist die einzige erhaltene Architekturzeichnung in Europa, die zwischen dem Ende der Antike und dem 13. Jahrhundert angefertigt wurde. Dass sie uns heute noch erhalten ist, liegt daran, dass im 12. Jahrhundert die Rückseite für eine Vita des hl. Martin verwendet wurde und diese es wert erschien, aufgehoben zu werden. Schon im 17. Jahrhundert erkannte man den Schatz auf der Vorderseite.

Es gab nie eine real existierende Klosteranlage, die exakt dem Plan von St. Gallen entsprach. Auch der Neubau der St. Galler Stiftskirche ab 830 unter Abt Gozbert folgte ihm nicht. Allerdings wirkt das Schema bis heute auf alle Benediktinerklöster. Auch andere Orden, wie die Bettelorden, deren Regeln es nicht erlaubten, Baugedanken daraus abzuleiten, orientierten sich an den Ideen des Planes.

Zisterzienserarchitektur

Bernhard von Clairvaux prangerte besonders die romanischen Prachtbauten von Cluny an, deren Kapitellskulpturen, Malereien und Heiligenfiguren die Betenden auf ihrem Weg zu Gott ablenkten. Er erließ deshalb strenge Bauvorschriften: Kirchen und Klöster durften keinerlei Schmuck enthalten, die Wände mussten unverputzt bleiben, auf steinerne Türme verzichtet werden. Die Aufmerksamkeit der Baumeister und Steinmetzen wandte sich deshalb dem Baustein selbst zu. Wichtig wurde jetzt sorgfältigste Bearbeitung und Zusammenfügung der Steine, Harmonie der Proportionen und Räume. An die Stelle der Bilder traten die

In ihrer Strenge und Schmucklosigkeit ein typisches Beispiel für die Architektur der Zisterzienser: die Abtei Fontenay im Burgund. Der hl. Bernhard gründete sie als zweites Tochterkloster von Clairvaux 1118.

säulengeschmückten Räume in vollendeter Harmonie. Kirchen, Kapitelsäle, Dormitorien und Refektorien in Fontenay (Burgund), Sénanque (Provence), Maulbronn (Baden-Württemberg) und Eberbach (Hessen) bezeugen noch heute diesen klaren Geist. Kunsthistoriker sehen in der frühen Zisterzienserarchitektur eine der Grundlagen des Übergangs von der Romanik zur Gotik.

Aus der einfachen Lebensweise der Zisterzienser, dem Ideal von Armut und Askese, leitete sich also letztlich auch die Architektur ab. Der Idealplan für Zisterzienserklöster wurde wohl in Clairvaux erarbeitet und basiert weitgehend auf dem St. Galler Klosterplan. Neu war die Vorschrift, Klöster in entlegenen Tälern zu errichten. Die Kirchen waren nur für die Klosterbewohner selbst bestimmt, es gab also keine ansprechende Fassade und kein weites Westportal. Neu war ebenso die Anlage des Refektoriums im rechten Winkel zum Kreuzgang, um Raum für die Küche zwischen Refektorium und Konversenhaus zu gewinnen. Wichtig war auch die Errichtung eines vom Mönchskonvent getrennt gelegenen Konversenbaus mit einer Klostergasse, die direkt in die Kirche führte. Dieser Plan von Clairvaux wurde in vielen anderen Klöstern ebenso realisiert und ist heute noch in Fontenay (Burgund), einem der Tochterklöster Clairvaux', und bei den Ruinen des ehemaligen Klosters Fountains in England nachzuvollziehen.

Wie das klösterliche Armutsgebot konnte sich auch das zisterziensische Bauideal der Schmucklosigkeit auf Dauer nicht halten. Im späten Mittelalter öffneten sich die Zisterzienser mehr und mehr der Bilderwelt, bei den Bauwerken des Barock ist kein Unterschied mehr zu anderen Klöstern der Benediktiner zu erkennen, so in Waldsassen oder Ebrach in Bayern.

Klosterbauten – Lage und architektonische Besonderheiten
Die Lage der Klöster war und ist oft abhängig von dem Orden, der sie geplant und gegründet hat. Benediktinerklöster wurden gerne abgelegen auf markanten Höhen errichtet, überragendes Beispiel ist Montecassino

in Italien. Zisterzienserklöster entstanden eher in unzugänglichen Tälern wie die Klöster Sénanque und Le Thoronet in der Provence oder Maulbronn in Baden-Württemberg. Die Bettelorden der Franziskaner und Dominikaner gründeten ab dem 13. Jahrhundert am liebsten in oder nahe den Städten ihre Klöster, weil sie ihre Hauptaufgabe in der Seelsorge sahen. Klöster der Deutschordensritter, die im 13. Jahrhundert verstärkt gebaut wurden, waren gleichzeitig mächtige Ordensburgen in strategisch wichtiger Lage.

Abgesehen von der Lage haben viele Orden ihre architektonischen Besonderheiten: In den Kartäuserklöstern lebten und leben die Mönche nur sehr eingeschränkt in Gemeinschaft, ihre Einzelwohnungen reihen sich um einen besonders großen Kreuzgang; meist gibt es noch einen zweiten, kleineren Kreuzgang. Diese beiden Kreuzgänge kann man noch sehr gut im ehemaligen Kartäuserkloster in Nürnberg besichtigen, sie bilden heute den Kern des Germanischen Nationalmuseums. Zisterzienserklöster zeichneten sich vor allem in der Frühzeit durch ihren stark reduzierten Bauschmuck aus. Auch die Bettelorden forderten von der Architektur unbedingte Schlichtheit als Ausdruck ihres Armutsgebots.

Der **Kreuzgang** bildet in den Klöstern den Mittelpunkt der Klausurbauten, die nur der Klostergemeinschaft selbst zugänglich sind. Er liegt in der Regel auf der Südseite der Klosterkirche und ist ein Wandelgang,

Kloster Montecassino erhebt sich auf einem Hügel über dem Ort Cassino in Mittelitalien.

Das Refektorium im ehemaligen Benediktinerkloster Mont Saint-Michel, 1211–1228. Hinten rechts der erhöhte Platz für den Vorleser.

der sich zu einem quadratischen oder rechteckigen Hof hin öffnet. Der Kreuzgang wird vielfältig genutzt, zunächst einmal bietet er den direkten Zugang zu den übrigen Räumen der Klausur, dem Dormitorium, dem Refektorium, dem Kapitelsaal, der Wärmestube und anderen. Der vierflügelige Wandelgang, der sich in Arkaden zum Kreuzgarten hin öffnet, hat aber in erster Linie spirituelle Funktionen: Den Kreuzgang durchziehen die Mönche und Nonnen mehrmals täglich in geordneter Prozession auf dem Weg zum Gebet in die Kirche oder zum Essen ins Refektorium. Er dient auch dem stillen Gebet und dem Studium. Von den Kreuzprozessionen leitet sich schließlich auch der Name für den Kreuzgang ab. Der zentrale Hof ist häufig als Garten angelegt, manchmal wird er auch als Friedhof für die Klosterinsassen genutzt. Für die mittelalterlichen Mönche symbolisierte dieser Garten das Paradies. In Zisterzienserklöstern war es üblich, auf der Innenhofseite des Kreuzgangflügels, der nach außen zum Refektorium führte, ein Brunnenhaus einzubauen. Es wurde oft prächtig ausgestaltet, das gotische Brunnenhaus in Maulbronn in Baden-Württemberg ist heute fast zu einem Wahrzeichen des ganzen Klosters geworden. Über die Ursprünge des Kreuzganges als Architekturform herrscht bei den Experten keine Einigkeit. Manche Forscher stellen den Patio der römischen Villen in den Vordergrund, andere die Höfe der frühchristlichen syrischen Klöster, wieder andere die prachtvoll verzierten Höfe und Brunnen der Omaijaden, die über Spanien ihren Einfluss nach Europa brachten. Insbesondere der romanische Kreuzgang mit seinen kunstvoll verzierten Säulen und Kapitellen, der in vielen spanischen und südfranzösischen Klöstern zu finden ist, legt diesen Einfluss nahe. In Frankreich findet man auf den Kapitellen oft einen ganzen Zyklus plastischer Darstellungen. Eines der berühmtesten Beispiele ist der Kreuzgang von Moissac in Südwestfrankreich. Er ist beeinflusst vom berühmten Marmorkreuzgang in Cluny, der um 1050 vollendet worden war und viele Klöster in Südfrankreich zur Nachahmung inspiriert hatte. In der Gotik waren Säulen und Maßwerkdekorationen der Kreuzgänge meist sehr zierlich und filigran, berühmt ist hier der Kreuzgang der Abtei Mont-Saint-Michel in der Normandie. Die erste zeichnerische Darstellung eines Kreuzganges findet sich auf dem Klosterplan von St. Gallen, aus Beschreibungen kennt man aber ältere Beispiel wie Jumièges und Fontenelle (heute St. Wandrille) in der Normandie.

Das **Dormitorium**, der gemeinsame Schlafsaal der Mönche oder Nonnen, liegt immer im Klausurbereich, in der Regel im Obergeschoss neben dem Kreuzgang. In den Zisterzienserklöstern gibt es stets einen direkten Zugang über die Dormitoriumstreppe in den Chor der Kirche, damit die Mönche einen möglichst kurzen Weg zum nächtlichen Chorgebet haben. Laut Benediktregel schlafen die Mönche »angekleidet und umgürtet mit einem Gürtel oder Strick«, sollen aber ihre Messer ablegen, damit sie sich nicht im Schlaf verletzen. Auf ein Zeichen zum Aufstehen hin »sollen sie ohne Zögern aufstehen und sich beeilen, einander zum Gottesdienst zuvorzukommen, jedoch mit allem Ernst und mit Bescheidenheit«. So hat Benedikt einem fröhlichen Gedrängel schon frühzeitig

Der romanische Kreuzgang in Feuchtwangen stammt aus der 2. Hälfte des 12. Jh.

Einhalt geboten. Die Schlafstätten im Dormitorium waren zunächst nichts anderes als einfache Strohlager. Nur der Abt oder die Äbtissin verfügten häufig über eigene Schlafräume. Die Kartäuser hatten von Anfang an kein Dormitorium, weil jeder Mönch den Großteil des Lebens in der Abgeschiedenheit seiner eigenen Zelle verbrachte. Auch die Chorherren hatten von Anfang an eigene Zellen. In vielen Klöstern wurden im ausgehenden Mittelalter die Dormitorien aufgegeben und eigene Zellen für die Mönche geschaffen. Diese wurden immer komfortabler, was in der Reformationszeit als ein Kennzeichen der Dekadenz des Klosterlebens angeprangert wurde. Auch heute noch bevorzugen manche Orden, wie die Trappisten, Dormitorien. Besonders sehenswerte Beispiele von Dormitoriumsbauten sind jene von Fontenay in Burgund (ein holztonnengewölbter Raum), von Sénanque in der Provence (ein steintonnengewölbter Raum) und von Eberbach im Rheingau mit einem gotischen Kreuzrippengewölbe.

Ein gotisches Kreuzrippengewölbe aus dem 13./14. Jh. überspannt den Schlafsaal der Mönche in Kloster Eberbach im Rheingau.

Das **Refektorium**, der gemeinsame Speisesaal der Mönche oder Nonnen, wurde in der Regel an den Südflügel des Kreuzganges gegenüber der Kirche angebaut. Der lateinische Begriff *refectio* (»Wiederherstellung«, »Erholung«, »Labung«) weist schon auf seine Funktion hin. In den meisten Klöstern essen Mönche oder Nonnen gemeinsam, die Kartäuser halten nur einmal in der Woche am Sonntag eine gemeinsame Mahlzeit, unter der Woche essen sie in ihren individuellen Zellen. Bis zum Zweiten Vatikanischen Konzil in den sechziger Jahren des 20. Jahrhunderts gab es bei einigen Orden, so bei den Zisterziensern, den Trappisten und den Kartäusern, getrennte

Refektorien für Priestermönche und Laienbrüder. Dies wurde inzwischen abgeschafft. In vielen Klöstern wird die Mahlzeit schweigend eingenommen, oft dabei von einem Mönch oder einer Nonne die Tischlesung gehalten, also aus einem Buch oder aus der Zeitung vorgelesen. Dazu gab es manchmal sogar einen erhöhten Platz, wie im berühmten gotischen Refektorium der Abtei Mont Saint-Michel in der Normandie. Das Herrenrefektorium im ehemaligen Zisterzienserkloster Maulbronn ist einer der prächtigsten Speisesäle des 13. Jahrhunderts im deutschsprachigen Raum. Im ehemaligen Zisterzienserkloster Eberbach im Rheingau ist das Refektorium ein barocker Saal, der heute für gastliche Aktivitäten vermietet wird.

Kartäuserklöster weisen meist einen besonders großen Kreuzgang auf, um den sich die Zellen der Mönche reihen. Plan der ehemaligen Kartäuserabtei Gaming in Niederösterreich.

Der **Kapitelsaal** liegt ebenfalls in der Klausur des Klosters und ist vom Kreuzgang aus direkt zugänglich. Er diente der täglichen Versammlung der Mönche oder Nonnen, der Name entstammt dem Brauch der täglichen Lesung eines Kapitels aus der Klosterregel. Im Kapitelsaal wurden und werden gemeinsame Angelegenheiten des Klosters beraten, seien es theologische Fragen, seien es praktische Themen des Alltags. Hier wurde die Arbeit eingeteilt, die Annahme von Schenkungen besprochen, aber auch das Fehlverhalten von Mönchen öffentlich angeprangert und bestraft. Hier wurde ein neuer Abt gewählt oder über die Aufnahme von Novizen oder die Ausweisung unwürdiger Mönche abgestimmt, hier wurden auch die Toten aufgebahrt, oft die Äbte begraben. Heute finden diese Kapitelversammlungen nicht mehr täglich, aber doch regelmäßig statt. Bei Vergehen wird der Schuldige nicht mehr vor

Der Kapitelsaal im Zisterzienserkloster Santa Maria de Poblet, 13. Jh. Die umlaufenden Sitzbänke boten Platz für die Mönche, einzig der Abt verfügte über einen Sessel.

der Gemeinschaft denunziert, sondern prangert sich im sogenannten Schuldkapitel selbst an. Auch Strafen gibt es heute noch, wie zum Beispiel den Ausschluss vom gemeinsamen Essen.

Im Klosterplan von St. Gallen ist noch kein Kapitelsaal verzeichnet, damals war der Kreuzgang für die Versammlungen vorgesehen. Als man dann ab dem 11. Jahrhundert in fast allen Klöstern einen eigenen Kapitelsaal in der Klausur errichtete – einer der frühesten entstand 1035 im Kloster Cluny in Burgund – geschah dies oft mit ganz besonderer Sorgfalt. Häufig ist er neben der Kirche der repräsentativste Raum des Klosters. Im Zisterzienserkloster Sénanque in der Provence wird er von einem prächtigen Kreuzrippengewölbe überdacht, das an die Fächer einer Palme erinnert. Später wurden Kapitelsäle vermehrt ausgemalt, im Dominikanerkloster S. Maria Novella in Florenz kann man noch herrliche Fresken aus dem 14. Jahrhundert bewundern. Die Steinstufen, die sich in vielen Kapitelsäälen an den Wänden entlangziehen, dienten den Mönchen als Sitzgelegenheit.

Typisch für die Zisterzienserklöster ist das **Parlatorium**, der Sprechsaal der Mönche oder Nonnen. Nur hier waren sie von ihrem Schweigegelübde entbunden, der Aufenthalt war aber zeitlich begrenzt. Im ehemaligen Zisterzienserkloster Bebenhausen nahe Tübingen findet man heute noch ein frühgotisches, im Kloster Maulbronn in der Nähe von Pforzheim ein spätgotisches Parlatorium aus dem 15. Jahrhundert.

Das **Kalefaktorium** war der Wärmeraum des Klosters. So hatten die Mönche und Nonnen die Möglichkeit, sich wenigstens für kurze Zeit aufzuwärmen, denn die übrigen Räume waren nicht heizbar. Allerdings durfte man sich im Kalefaktorium nicht zu lange aufhalten, der Raum war in erster Linie zum Trocknen von nasser Kleidung und Schuhen gedacht, manchmal wurde er auch als Skriptorium verwendet, wenn anderswo die Finger der Schreiber vor Kälte steif wurden. Wenn ein Kloster keinen eigenen Trakt für Kranke hatte, durften diese sich im warmen Kalefaktorium niederlegen. Geheizt wurde teilweise über Hypokausten, ein von den Römern eingeführtes System der Fußbodenheizung, wobei heiße Luft aus der Küche oder der Bäckerei unter den Fußboden des Wärmeraumes geleitet wurde. Oft war es aber auch ein großer offener Kamin, der wohlige Wärme verbreitete.

Der Raum des **Skriptoriums** war in vielen Klöstern gleichzusetzen mit der **Bibliothek**. Im Klosterplan von St. Gallen ist die Bibliothek im ersten Obergeschoss zu finden, die Schreibstube – das Skriptorium – liegt darunter. Im Zisterzienserkloster Fontenay sind beide Räume in einem markanten kreuzrippenüberwölbten Raum zusammengefasst. Viele der frühen Zisterzienserklöster wie Sénanque in der Provence hatten keine richtige Bibliothek, sondern nur eine Nische im Kreuzgang, das sogenannte Armarium, eine Art größeres Bücherregal. An den Wänden des Kreuzganges standen Steinbänke, auf denen die Mönche beim Studieren der Bücher sitzen konnten. Später wurden aber auch in allen Zisterzienserklöstern Bibliotheken gebaut. In den Skriptorien wurden die wertvollen Handschriften

Das Parlatorium der Nonnen von San Zaccaria in Venedig am Besuchstag hielt Giovanni Antonio Guardi um 1753 auf diesem Gemälde fest.

Die Arbeit im Skriptorium
Die hellsten Plätze waren den Restauratoren, den erfahrensten Miniaturenmalern und den Kopisten vorbehalten. Jeder Tisch hatte alles, was man zum Malen und zum Kopieren braucht: Tintenfässer, feine Federn, die einige Mönche mit winzigen Messerchen schärften, Bimssteine, um das Pergament zu glätten, und Lineale, um die Zeilenlinien zu ziehen. Neben jedem Schreiber oder auch am oberen Ende der schrägen Schreibfläche eines jeden Tisches stand ein Lesepult, auf dem der zu kopierende Codex ruhte, festgehalten durch eine bewegliche Maske, welche die gerade abzuschreibende Zeile einfasste. (Aus: Umberto Eco, Der Name der Rose)

kopiert und verziert (illuminiert), es gab meist eine ganze Reihe von Pulten, an denen mehrere Schreiber gleichzeitig arbeiteten.

Nach griechisch-römischem Vorbild gründeten schon ganz frühe Klöster eigene Skriptorien und Bibliotheken. Im 6. Jahrhundert sammelte der gelehrte Kleriker Cassiodorus in einem Kloster in Italien Texte der Antike, um römische Bildung mit dem Christentum zu verbinden. Bald ging einzig von der christlichen Kirche die Bildung aus, so durfte in keinem Kloster eine Bibliothek fehlen. Da die Handschriften damals für die Klöster unendlich wertvoll waren, schuf man zu ihrer Aufbewahrung meist besondere Räumlichkeiten, um sie vor Feuer, aber auch vor kriegerischen Übergriffen zu schützen. Die größte Blüte der mittelalterlichen Skriptorien lag in der Zeit vom 8. bis zum 12. Jahrhundert. Im Spätmittelalter entstanden mehr und mehr weltliche Schreibzentren außerhalb der Klöster in den Universitäten. Mit der Einführung des Buchdrucks mit beweglichen Lettern durch Johannes Gutenberg Mitte des 15. Jahrhunderts verloren die Skriptorien ihre Funktion. Dafür konnten nun die Klosterbibliotheken dank der billigeren Produktion von gedruckten Büchern eindrucksvoll anwachsen. Den ersten großen Bibliotheksbau der Renaissance errichteten die Dominikaner im 15. Jahrhundert im Kloster San Marco in Florenz. Ihre Klöster waren in den vorangegangenen beiden Jahrhunderten zu den großen europäischen Zentren des Wissens avanciert. Einen letzten Höhepunkt erlebten die Klosterbibliotheken in der Barockzeit im 17. und 18. Jahrhundert durch die Gegenreformation und das Bildungsstreben der Aufklärung. Grandiose Bauwerke entstanden, die man noch heute in den Benediktinerabteien Ottobeuren und Metten und der Zisterzienserinnenabtei Waldsassen in Bayern oder in den Benediktinerstiften Melk an der Donau und Admont in Österreich bewundern kann. Viele Klosterbibliotheken wurden in der Reformation im 16. Jahrhundert oder durch die Klosteraufhebungen im Zuge der Säkularisation im 18. und 19. Jahrhundert aufgelöst, abgerissen und die kostbaren Werke in alle Winde zerstreut. Früher waren die Klosterbibliotheken der Öffentlichkeit nicht zugänglich, heute sind sie Forschungsorte für Wissenschaftler und Studenten. Den Klosterbibliotheken ist die Überlieferung des geistigen Erbes des Mittelalters und teilweise auch des Wissens der Antike zu verdanken.

Die Bibliothek
Claustrum sine armario sicut castrum sine armamentario – Ein Kloster ohne Bücherei ist wie eine Burg ohne Waffenkammer.

Zentrum eines jeden Klosters war und ist die **Klosterkirche**. Hier wurde ein Großteil des Tages mit dem Stundengebet verbracht. Klosterkirchen zeichnen sich durch eine besondere Hervorhebung des Chorbereiches aus, wo Mönche und Nonnen in häufig prächtig geschnitztem Chorgestühl ihre Gebete verrichteten. Typisch für die frühen Kirchen des Zisterzienserordens ist die Umsetzung der Forderung nach Armut in der Architektur. Solche schmucklosen Bauten findet man heute noch in Fontenay (Burgund) und Maulbronn (Baden-Württemberg). Die Klosterkirchen der Bettelorden wurden im 13. und 14. Jahrhundert meistens in den Städten errichtet. Sie entstanden zeitgleich mit den berühmten gotischen Kathedralen in Frankreich und Deutschland, ebenfalls im gotischen Stil, aber gemäß den Idealen der Bettelorden sehr schlicht. Verzichtet wurde auf reiche Bauplastik, Querschiffe und Glockentürme. Typisch für diese Kirchen ist ihre Größe und im Inneren der ausgedehnte Laienbereich. Diese Kirchen waren für das Volk bestimmt, das sich hier die Predigten der Bettelmönche anhören sollte.

Die Türme der prachtvollen Barockkirche von Johann Leonhardt Dientzenhofer überragen Kloster Banz in Oberfranken.

Aus **karolingischer Zeit** gibt es heute nur noch wenige Überreste wie die Torhallen der Klöster Frauenwörth im Chiemsee und Lorsch in Hessen. Die meisten wurden später romanisch oder gotisch erneuert und wir wissen nur aus zeitgenössischen Manuskripten noch etwas über die alten Gebäude. Das einzige vollständige bis heute überlieferte Beispiel aus karolingischer Zeit ist der Klosterplan von St. Gallen (vgl. S. 69 ff.) als ein gezeichnetes Kloster auf Pergament, das so, wie dargestellt nie gebaut wurde, aber viele Klosteranlagen beeinflusst hat.

Eine Szene aus dem berühmten Freskenzyklus im Kloster Monte Oliveto Maggiore in der Toskana.

Eines der schönsten und reinsten Beispiele aus **romanischer Zeit** ist das ehemalige Zisterzienserkloster Fontenay in Burgund. Typisch für die Gründungszeit des Zisterzienserordens ist nicht nur die Architektur, sondern auch die abgeschiedene Lage am Ende eines kleinen Tales. Der eigentliche Klosterbezirk ist von einer hohen Mauer umgeben, die Bauten gruppieren sich fast alle nach dem typischen zisterziensische Bauschema, das von Burgund ausging und nach dem in ganz Europa in wenigen Jahrzehnten Hunderte von Zisterzienserabteien entstanden sind. Aus der Mitte des 12. Jahrhunderts stammen noch die Kirche, der Kreuzgang, das Skriptorium, der Kapitelsaal und das Dormitorium. Alle Räume sind von äußerster Schlichtheit, die Kirche ist von einer Spitztonne überwölbt, der Kreuzgang von Kreuzgratgewölben, Skriptorium und Kapitelsaal von schweren Kreuzrippengewölben. Fontenay ist heute das besterhaltene architektonische Zeugnis aus den Anfängen des großen burgundischen Reformordens der Zisterzienser. Es wurde 1981 in die UNESCO-Liste des Weltkulturerbes aufgenommen.

Die **Übergangszeit von der Romanik zur Frühgotik** und die **Gotik** repräsentiert sehr gut das ehemalige Zisterzienserkloster Maulbronn in Baden-Württemberg. Es ist gleichzeitig das am besten erhaltene Beispiel mittelalterlicher Klosterbaukunst nördlich der Alpen

und wurde 1993 in die UNESCO-Liste des Weltkulturerbes aufgenommen. Das Kloster wurde im Jahr 1147 gegründet, die Kirche entstand in den folgenden Jahren noch im rein romanischen Stil. Dann muss ein Baumeister nach Maulbronn gekommen sein, der wohl seine Schulung an den Bauten der französischen Frühgotik erhalten hatte, wahrscheinlich an den Zisterzienserbauten in Burgund. Er errichtete mit seinen Handwerkern im ausgehenden 12. und beginnenden 13. Jahrhundert die Vorhalle der Kirche – das sogenannte Paradies –, den Südflügel des Kreuzganges, das Laienrefektorium und das Herrenrefektorium. Besonders im Paradies erkennt man die

Das Brunnenhaus im Kloster Maulbronn zeigt bereits die typischen Formen der Gotik.

neuen Übergangsformen: Die tragenden Teile der Architektur werden aufgelöst in Säulenbündel, dünne Stützen als sogenannte Dienste vor die Wand gelegt. Das Werk des namentlich nicht bekannten Baumeisters ist ein wichtiges Indiz dafür, dass die Zisterzienserarchitektur mit ihren Geboten äußerster Schlichtheit eine der Initialzündungen für die Entstehung der Gotik war. Die Architektur wird leichter, weist schon auf die fast vollständig erscheinende Wandauflösung der hochentwickelten Gotik hin. An

Die Formensprache der Moderne zeigt das von Le Corbusier erbaute Kloster Sainte-Marie-de-la-Tourette, 1953–60.

die frühen Bauten wurden dann vom Ende des 13. bis zur Mitte des 14. Jahrhunderts die weiteren Flügel des Kreuzganges, das Dormitorium, der Kapitelsaal und das Brunnenhaus im rein gotischen Stil angebaut. Jetzt entstanden die typischen filigranen gotischen Kreuzrippengewölbe, teils weiterentwickelt zu netzförmigen Sterngewölben und das feine Maßwerk der Fensteröffnungen. Beeindruckend sind die spätgotischen Netzgewölbe aus dem 15. Jahrhundert im Parlatorium, dem Sprechraum der Mönche, und in der sonst romanischen Klosterkirche.

Typisch für die Zeit der **Renaissance** ist in Italien die Abtei Monte Oliveto Maggiore in der Toskana, die im 14. Jahrhundert gegründet wurde und das Mutterkloster der benediktinischen Kongregation der Olivetaner ist. Der größte Schatz des Klosters, das zu den meistbesuchten Italiens gehört, ist der große Kreuzgang mit seinen markanten Rundbögen, der einen der sehenswertesten Freskenzyklen der Renaissance enthält. Die 36 Szenen berichten aus dem Leben des hl. Benedikt und aus dem Leben Gregors des Großen, zeigen aber auch viele Details des klösterlichen Lebens im 15. und 16. Jahrhundert. Luca Signorelli und Antonio Bazzi haben sie zwischen 1497 und 1506 geschaffen. Die Abteikirche wurde zwar barock umgebaut, jedoch ist glücklicherweise noch das geschnitzte Chorgestühl der Renaissance mit den vielen detailgetreuen Intarsienarbeiten erhalten.

Barocke Klosteranlagen findet man noch zahlreich in Süddeutschland und Österreich. Sie sind vornehmlich in katholischen Gebieten in der Zeit der Gegenreformation gebaut oder ausgebaut worden. Durch die zunehmend weltliche Macht der Äbte wurden sie im Stil von Schlössern errichtet, der architektonische Einfluss aus der herrschaftlichen Profanarchitektur der Zeit ist nicht zu übersehen. Ein sehenswertes Beispiel ist die Benediktinerabtei Ottobeuren in Bayern. Die im 18. Jahrhundert neu gebaute

Abteikirche im Stil des Spätbarock besitzt eine einschwingende konvexe Fassade und einen lichtdurchfluteten Innenraum, der ebenfalls einen bewegten Eindruck erweckt. Das Zusammenspiel von Architektur, Malerei und Stuckatur, typisch für die Barockarchitektur, ist hier besonders gut gelungen. Sehenswert und für Besucher zugänglich sind außerdem die Bibliothek und der Kaisersaal im mächtigen Komplex des Barockklosters.

Klosterbauten der Moderne sind rar, meist wurden alte Anlagen von den zurückkehrenden Mönchen wiederbelebt. Ein modernes Beispiel aus dem 19. Jahrhundert ist das Benediktinerkloster St. Bonifaz mitten in München, das der bayerische König Ludwig I. 1835 gründete. Die Kirche im frühchristlichen Stil wurde 1850 geweiht. Nach den massiven Zerstörungen des Zweiten Weltkrieges wurde sie verkleinert und schlichter wiederaufgebaut. Ein Beispiel für das 20. Jahrhundert ist der Neubau des Dominikanerklosters Sainte-Marie-de-la-Tourette in Frankreich nahe Lyon. Der berühmte Architekt Le Corbusier errichtete den Komplex 1953–1960. Er konzipierte ihn als Kloster wie auch als Lehranstalt für den Priesternachwuchs und als theologisches Forschungszentrum. Derzeit wird La Tourette generalsaniert, der etwa fünfzig Jahre alte Betonbau war an vielen Stellen marode geworden.

Ein typisch barockes Gesamtkunstwerk: die Klosterkirche von Ottobeuren im Allgäu.

Der Weg ins Kloster – Berufung und Gelübde

Wer sich zu einem Leben hinter Klostermauern berufen fühlt, muss sich lange mit diesem Wunsch auseinandersetzen und eine ausgiebige Probezeit bestehen. Außerdem wird sein Entschluss in der heutigen Zeit, in unserer schnelllebigen und mobilen Gesellschaft, in der viele Menschen Bindung und Festlegungen scheuen, auf viel Unverständnis stoßen. Auch die Familie wird es heute einem Klosteranwärter nicht leicht machen, sich aus der säkularen Welt zurückzuziehen. Für den Berufenen ist Gott aber so wichtig geworden, dass es ihm nicht mehr schwerfällt, Familie, Freunde, Heimat und Beruf hinter sich zu lassen. Wer im Mittelalter den kontemplativen Weg einschlug, genoss Ansehen und große Anerkennung. Damals wurden oft schon Kinder von ihren Eltern oder den Vormündern für das klösterliche Leben bestimmt. Sie wurden von klein auf im Kloster erzogen und hießen **Oblaten** (lat. *oblatum,* »als Opfer Dargebrachtes«). Im Jahr 1563 verbot das Konzil von Trient diese Sitte und schrieb ein Mindestalter von 16 Jahren für den Eintritt ins Kloster vor.

Im Mittelalter bedeutete es eine hohe Ehre für eine Familie, eines oder gar mehrere Kinder dem Klosterleben zu weihen. Die jungen Mönche und Nonnen konnten verstärkt und professionell für das Seelenheil der übrigen Familie und ganz besonders für die verstorbenen Familienmitglieder beten. Außerdem waren sie materiell versorgt. Meist erbte der älteste Sohn den väterlichen Besitz, die übrigen mussten auf andere Weise ihren Lebensunterhalt bestreiten. Viele Familien konnten sich eine Verheiratung ihrer Töchter wegen der hohen Mitgift nicht leisten, auch für sie war der Weg ins Kloster vorgezeichnet.

Früher wie heute ging der endgültigen Aufnahme ins Kloster die **Novizenzeit** (lat. *novicus,* »Neuling«) voraus. Dies ist eine Zeit des Kennenlernens und der Erprobung des Ordenslebens, die das katholische Kirchenrecht fordert. Schon die Zulassung zum Noviziat erfolgt nicht ohne Weiteres, darüber entscheiden die Oberen des Ordens. Heutzutage wird zudem sehr ge-

nau die Entschlussfreiheit des An-
wärters geprüft. Während des zwölf-
monatigen Noviziats kann der Novize jederzeit wieder gehen. Ein Novizenmeister begleitet ihn in dieser
Zeit, das Leben spielt sich teils im
Novizenhaus, teils in der Klausur bei
den Mönchen oder Nonnen ab.
Nach Beendigung des Noviziats
kann der Kandidat, falls der Konvent
ihn als geeignet befindet, zur Profess zugelassen werden. Die **Profess**
ist die öffentliche Ablegung des Gelübdes (lat. *professio*, »Bekenntnis«)
beim endgültigen Eintritt in den Orden. Der Kandidat verspricht mündlich und schriftlich, sein künftiges
Leben dem Dienst an Gott und den
Menschen zu weihen. Als Kern-

In der Benediktinerin-
nenabtei Eibingen gibt
eine Ordensschwester
ihre Erfahrungen an ei-
ne Novizin weiter.

punkte des Ordenslebens gelten die sogenannten
Evangelischen Räte, das sind Ratschläge Christi zum
vollkommenen Leben: **Armut, Keuschheit** und **Gehorsam**. Sie sind in die Profess eingebaut, ebenso wie
das Gelübde, sich dauerhaft an die Ordensregeln zu
binden. Bei manchen Orden, zum Beispiel den Benediktinern, enthält die Profess noch das Bekenntnis zur
Ortsgebundenheit (lat. *stabilitas loci*), also zum dauer-
haften Verbleib in ein und demselben Kloster. Auf das
Noviziat folgt bei Eignung zunächst die zeitliche Profess, die heute ab Vollendung des 18. Lebensjahres möglich ist und meist drei bis fünf Jahre dauert, auch
mehrfach um ein Jahr verlängert werden kann. Dann
folgt frühestens ab der Vollendung des 21. Lebensjahres die ewige Profess, die Bindung an den Orden auf
Lebenszeit.

Mit der Aufnahme in den Orden nimmt der Kandidat oft auch einen anderen Namen und damit eine
neue Identität an, wird in die Ordenstracht (Habit) ein-
gekleidet und erhält manchmal auch noch einen Ring
als äußeres Zeichen der Zugehörigkeit. Die Ablegung

der Profess erfolgt in der Regel im liturgischen Rahmen, meist bei der Feier einer heiligen Messe. Dabei liegen die Profess-Urkunden der Kandidaten auf dem Altar. Die Neumitglieder demonstrieren ihren Willen zu Demut und Gehorsam dadurch, dass sie sich dem im Chorgestühl versammelten Konvent zu Füßen werfen. Nachdem sie der Abt aufgehoben hat, empfangen sie von den künftigen Brüdern oder Schwestern den Willkommenskuss und sind somit in die Gemeinschaft aufgenommen. Früher ließen sich die männlichen Mönche noch eine Tonsur scheren, eine kahle runde Stelle am Hinterkopf, die auch Priester als Zeichen ihrer Zugehörigkeit zum geistlichen Stand trugen. 1973 schaffte Papst Paul VI. diesen Brauch ab.

Tagesablauf im Kloster

Die wichtigste Aufgabe der klösterlichen Gemeinschaft ist das *opus dei*, das Gotteslob. Es wird sowohl gemeinschaftlich als auch individuell verrichtet. Der Rhythmus der gemeinsamen **Stundengebete** bestimmt den Tagesablauf der Mönche und Nonnen, auch der Wochen- und Jahresgang erhält so eine klare Struktur. Das christliche Stundengebet entwickelte sich aus den täglichen Gebetszeiten im Judentum. Juden wie Christen orientierten sich dabei an Psalm 119, Vers 164: »Ich lobe dich des Tages siebenmal« und Psalm 119, Vers 62: »Zur Mitternacht stehe ich auf, dir zu danken«.

Die Zisterzienserinnen in Oberschönenfeld läuten zum Chorgebet.

Jüdische wie christliche Stundengebete basieren in erster Linie auf den Psalmen. Im frühchristlichen Mönchtum wurden täglich alle 150 Psalmen gebetet. Die Regel des hl. Benedikt strukturierte die täglichen Stundengebete in sogenannte Horen, die

achtmal am Tag stattfinden und aus Psalmen, christlichen Gebeten, Lesungen und Hymnen bestehen. Die 150 Psalmen wurden jetzt auf die Stundengebete einer Woche verteilt. Seit der Liturgiereform des Zweiten Vatikanischen Konzils in den sechziger Jahren des 20. Jahrhunderts können sie auch über vier Wochen verteilt werden.

Im Mittelalter wurde der helle Teil des Tages in fünf gleich lange Abschnitte von je drei Stunden unterteilt. Da der helle Tag im Verlauf der Jahreszeiten unterschiedlich lang ist, variierte die Dauer der Horen. Deshalb ist auch eine genaue Festlegung der mittelalterlichen Zeiten der Stundengebete nach unserer heutigen Stundeneinteilung nicht möglich.

Mittägliches Stundengebet in der Benediktinerabtei Tholey.

Die erste Hore, die **Vigil** (auch **Matutin** genannt) findet mitten in der Nacht zwischen Mitternacht und frühem Morgen statt. Nach der Eröffnung, einem Psalm und einem Hymnus, schließen sich ein oder zwei Nocturnen an. Diese bestehen aus mehreren Psalmen und einer längeren Lesung. An Sonn- und Feiertagen folgt eine dritte Nocturn. Die vollständige Vigil wird heute nur noch in wenigen Klöstern gebetet, meist ist sie auf eine Nocturn verkürzt. Sie kann seit der Liturgiereform des Zweiten Vatikanischen Konzils sogar ganz verlegt und am Tag als sogenannte Lesehore nachgeholt werden.

Die wichtigsten Stundengebete sind Laudes und Vesper, die Angelpunkte des klösterlichen Gebetstages, sie dauern je etwa 30 Minuten. Die **Laudes** sind das Morgengebet bei Tagesanbruch. Die aufgehende Sonne ist auch

> **»Die große Stille«**
> Der inzwischen mehrfach preisgekrönte Dokumentarfilm aus dem Jahr 2005 lässt die Zuschauer den Alltag der Mönche im Kartäuserkloster Grande Chartreuse bei Grenoble miterleben. Über zweieinhalb Stunden erlebt man Schweigen, Gebet, stilles Essen, den Klosteralltag durch alle Jahreszeiten. Es gibt neben den Mönchsgesängen keine Musik, der deutsche Regisseur Philip Gröning, der ein Jahr unter den Mönchen gelebt hat, führte keine Interviews und gab keine Kommentare. Der Kinobesucher stellt sich einer stillen Meditation, die getragen ist vom Lauf der Zeit, dem Wechsel der Tages- und Jahreszeiten und dem sich ständig wiederholenden Hauptelement des Tages, dem Gebet.

Abb. rechts:
Eine Miniatur mit der
Verkündigung an die
Hirten aus dem be-
rühmten Stundenbuch
des Herzogs von Berry,
14./15.Jh.

ein Symbol für den auferstandenen und wiederkehren-
den Christus, der hier gelobt wird. Die Laudes enthalten eine große Vielfalt von Gebeten, Segnungen, Hymnen, Psalmen und Lesungen. Heute werden sie in der
Regel zwischen 6 und 8 Uhr abgehalten. Die folgenden Stundengebete, man nennt sie auch die kleinen
Horen, die im Abstand von drei Stunden (nach mittelalterlicher Zeiteinteilung) gebetet werden, sind **Prim,
Terz, Sext und Non**. Die Prim geht dabei unmittelbar
den Laudes voraus und ist heute fast generell mit ihnen verschmolzen. Nur die Kartäusermönche beten
noch eine eigene Prim. Laut Benediktregel sollten
Terz, Sext und Non drei will-
kommene Unterbrechungen
der Arbeit sein. Viele Orden
fassen heute diese drei kleinen
Horen zu einer sogenannten
Tageshore zusammen, die oft
vor dem Mittagessen gebetet
wird und dann auch Mittagshore heißt. Die **Vesper** spielt
nun wieder eine zentrale
Rolle. Sie ist das Abendgebet,
bei dem Psalmen mit abendlichen Motiven, aber auch
christliche Hymnen und das
Vaterunser gebetet werden.
Ebenso dürfen die Schrift-
lesung, Fürbitten und das Magnifikat nicht fehlen.

Brevier

Das Brevier, auch Stundenbuch genannt, enthält die Texte für die Stundengebete der römisch-katholischen Kirche. Die heutige Fassung stammt von 1970 und entstand im Zuge
des zweiten Vatikanischen Konzils. Es schreibt
fünf verpflichtende Gebetszeiten vor, gegenüber acht früheren. Die Texte dürfen heute
auch in der Landessprache gebetet werden,
deshalb sind sie zweisprachig gedruckt. Das
Brevier im deutschsprachigen Raum besteht
heute aus drei Bänden, einem für die Advents-
und Weihnachtszeit, einem für die Fasten- und
Osterzeit und einem dritten für die Zeit im Jah-
reskreislauf. Die verschiedenen Ordensgemeinschaften haben teilweise eigene Brevieraus-
gaben mit bis zu acht täglichen Gebetszeiten.

Die letzte Hore des täglichen Stundengebetes zur
Vollendung des Tages ist die **Komplet**, das Nachtgebet.
Nach Eröffnung und Bußgebet folgen ein Hymnus,
Psalmen, eine Lesung, ein Responsorium, ein Lobgesang, ein Oratorium und der Segen. Nach der Komplet,
die heute meist um 20 oder 21 Uhr begangen wird,
beginnt das nächtliche Stillschweigen für die Klosterbewohner, das nur für die Vigil, das Stundengebet inmitten der Nacht, unterbrochen werden darf.

Alle acht Horen werden heute nur noch in sehr wenigen Klöstern gebetet. Das Nachtgebet Vigil kann als

Die Initiale auf diesem Notenblatt zeigt Gregor den Großen am Schreibpult, Buchmalerei aus dem 13. Jh.

Gregorianischer Choral

Psalmen und andere biblische Texte der gemeinsamen Stundengebete werden häufig in der Form des gregorianischen Chorals vorgetragen. Dieser uralte liturgische Sprechgesang entstand ursprünglich aus dem gesungenen Vortrag biblischer Texte im Judentum. Aus der christlich-byzantinischen Kultur gelangte die Vortragsform auch in den Bereich der römischen Kirche. Papst Gregor der Große ließ um 600 zum ersten Mal solche liturgischen Gesänge zusammenstellen, daher auch der heutige Name. Die ältesten Niederschriften, die wir heute kennen, stammen allerdings erst aus dem 9. Jahrhundert, als man erstmals mit Hilfe sogenannter Neumen, den Vorläufern unserer heutigen Noten, die Melodien festhalten konnte. Mit der karolingischen Liturgiereform waren schon im 8. Jahrhundert römische Gesänge ins Frankenreich gebracht worden.

Beim gregorianischen Choral handelt es sich um einstimmigen unbegleiteten Solo- oder Chorgesang. Die Melodien folgen nicht den Dur- und Molltonarten, sondern diatonischen Tonleitern aus acht Tönen, also auf dem heutigen Klavier einem Spiel ausschließlich auf den weißen Tasten. Das Melodierepertoire des gregorianischen Chorals wurde bis ins 14. Jahrhundert durch Neukompositionen erweitert, in späteren Jahrhunderten verlor der alte Gesang an Bedeutung. Jetzt begleiteten Instrumente die Sänger, außerdem entstanden mehrstimmige Kompositionen in den uns heute geläufigen Tonarten.

Im 19. Jahrhundert begannen Mönche der französischen Benediktinerabtei Solesmes bei Le Mans, den gregorianischen Gesang wiederzubeleben. Durch lange wissenschaftliche Studien gelang ihnen die Wiederherstellung der vielfach verloren geglaubten alten Gesänge. Viele Klöster, besonders in Frankreich, haben die alte Gregorianik wieder aufgegriffen. Heute ist der gregorianische Choral die umfangreichste Sammlung unbegleiteter Melodien auf der ganzen Welt.

1963 bestätigte das Zweite Vatikanische Konzil den gregorianischen Choral als den Gesang der römischen Liturgie, stellte ihn aber gleichberechtigt neben Choräle und Lieder in der Landessprache und andere Kirchenmusik.

Da für den Chorgesang eine angemessene Haltung vorgeschrieben war, die Sänger also lange stehen mussten, wurden zur Erleichterung auf der Unterseite der hochgeklappten Chorstühle sogenannte Misericordien angebracht. Dies sind Verbreiterungen mit vielfach schelmischen Motiven, die die Holzschnitzer häufig mit großem Enthusiasmus ausgestaltet haben.

Lesehore am Tag nachgeholt werden, die zweite und dritte Hore Prim und Laudes sind meist zusammengelegt, ebenso die kleinen Horen Terz, Sext und Non zur Tages- oder Mittagshore. So finden wir heute in den Klöstern zwischen fünf und acht gemeinschaftliche Gebetszeiten des Stundengebetes. In manchen Klöstern können an einigen auch Besucher von außen teilnehmen. Meist sind dies die Mittagshore und die Vesper. Neben dem gemeinsamen Gotteslob beim Stundengebet gibt es außerdem noch die tägliche Messe und die **individuellen Gebete** der Mönche und Nonnen, gemäß dem Bibelwort: »Betet ohne Unterlass« (1 Thess. 5,17). Hierzu gehören die *lectio* (Lesen biblischer Texte), die *meditatio* (Nachdenken über das Gelesene) und schließlich die *oratio* (Hinwendung zu Gott im Gebet). Die gemeinsamen Stundengebete finden im Chor der Kirche statt, die individuellen Gebete hingegen im Kreuzgang oder in der persönlichen Zelle.

Das Habit – die Ordenstracht

Um sich auch äußerlich zur Gemeinschaft zu bekennen, tragen die Mönche und Nonnen einheitliche Ordenskleidung, das Habit. Es soll einfach sein und nach außen Demut und Bescheidenheit symbolisieren. Bei den verschiedenen Orden sieht es unterschiedlich aus. Häufig dient eine Tunika (oder ein Talar) als Unterkleid, die mit einem Gürtel (Zingulum) zusammengehalten wird. Bei den Franziskanern ist dieser Gürtel ein einfacher Strick mit drei Knoten, die Armut, Keuschheit und Gehorsam symbolisieren. Viele Orden kennen dann noch ein weites Obergewand mit Kapuze, die Kukulle. Hat der Mönch die Kapuze auf, wünscht er nicht angesprochen zu werden. Häufig ist auch das Skapulier, ein weiter Überwurf über der Tunika, das die Funktion einer Schürze hat, um bei der Arbeit die Unterkleider vor Schmutz zu schützen. Im Sommer bestehen die Gewänder meist aus Leinenstoffen, im Winter aus Wolle. Das Reisegewand der Mönche unterscheidet sich vom Alltagsgewand durch den besseren Stoff, muss aber nach der Reise wieder abgegeben

Kutte
Kutte (von lat. *cotta*, »Mönchsgewand«) ist der umgangssprachliche Ausdruck für das Mönchsgewand, korrekt ist der Ausdruck Habit.

werden. Abgetragene Kleidung wurde und wird eingezogen und ersetzt.

Die unterschiedlichen Ordenstrachten entwickelten sich ab dem 12. Jahrhundert, als auch die Ordenslandschaft sich zu differenzieren begann. Die Benediktiner sind an ihren schwarzen Gewändern zu erkennen, die Zisterzienser und Kartäuser tragen Weiß, Franziskaner Braun und Dominikaner Weiß-Schwarz. Kapuziner, ein reformierter Zweig der Franziskaner, unterscheiden sich von diesen durch die größeren und spitzen Kapuzen, die ihnen auch den Namen gaben.

Ordensfrauen tragen immer eine Kopfbedeckung. Über einem Kopfgebinde wird der Schleier festgesteckt, dabei darf bei manchen Orden kein Haar mehr hervorschauen, bei anderen kommt auf die aufgesteckten Haare nur eine leichte Kopfbedeckung. Manche Orden verzichten ganz auf einheitliche Kleidung, wie die Jesuiten, andere legen sie nur zum feierlichen Gottesdienst an, wie manche evangelischen Gemeinschaften. Nach dem Zweiten Vatikanischen Konzil wurde die Ordenstracht in vielen Klöstern vereinfacht.

Die Mahlzeiten im Kloster

Die Mahlzeiten werden in den meisten Klöstern gemeinschaftlich im Refektorium (lat. *refectio*, »Wiederherstellung«, »Erholung«, »Labung«) eingenommen. Dieser Speisesaal hat meist eine ausgezeichnete Akustik. Gegessen wird in der Regel schweigend, ein Mönch oder eine Nonne sitzt an einem erhöhten Platz und liest vor. Dies können religiöse Texte sein, heute aber immer wieder auch aktuelle Pressenachrichten. In manchen Klöstern wird dreimal am Tag gegessen, in anderen nur zweimal, mittags und abends. Besonders streng lebten die Zisterzienser im Mittelalter: Sie erhielten im Winterhalbjahr nur eine Mahlzeit am Tag, die in der Fastenzeit von mittags auf abends verschoben wurde.

Als Getränke gibt es neben Wasser immer auch Wein oder nördlich der Alpen häufiger Bier. Fisch blieb der Fastenzeit vorbehalten, als Fleisch kannte man

Nicht überall ist das Refektorium so schlicht: der Speisesaal in Engelszell, dem einzigen Trappistenkloster in Österreich.

früher nur Geflügel für den Alltag. Fleisch von vierfüßigen Tieren war den Kranken vorbehalten, wenn sie durch seinen Verzehr die Gesundung beschleunigen konnten. Wer das Schweigen beim Essen brach, dem wurde früher das Essen oder der Wein entzogen, auch körperliche Züchtigung als Strafe dafür war üblich.

Die Kartäuser essen jeder für sich in ihrer eigenen Zelle, nur einmal in der Woche, am Sonntag, finden sie sich zu den Mahlzeiten im Refektorium zusammen.

Ämter und Gruppierungen im Kloster

Grundsätzlich sind alle Mönche im Kloster gleich, in eine Reihenfolge werden sie ausschließlich nach dem Datum ihres Klostereintritts gebracht, nicht nach ihren Leistungen, ihrem Vermögen oder ihrer Herkunft. Ausnahme ist der **Abt** (oder die Äbtissin), der auch das wichtigste der Ämter im Kloster innehat. Er ist der Klostervorsteher, die Anforderungen, die an ihn gestellt werden, sind vielfältig und bewegen sich wie das biblische Christusbild zwischen Güte und Strenge. Schon die Herkunft des Namens – vom hebräischen *abba* und dem griechischen *abbas*, »Vater« – deutet die

Einer der bekanntesten Äbte in Deutschland ist Johannes Eckert (rechts, bei seiner Weihe in München), der Kloster St. Bonifaz in München und Kloster Andechs leitet.

Rolle des gütigen »Familienoberhauptes« an. Seine Mönche sind ihm zu absolutem Gehorsam verpflichtet. Der Abt wird meist von seiner Gemeinschaft direkt gewählt, in manchen Klöstern auf Lebenszeit, bei den Benediktinern neuerdings auf zwölf Jahre. Die Bettelorden kennen die Position des Abtes nicht, ihr Guardian als Leiter eines Ordenshauses wird auf Zeit bestimmt.

Der Abt ist für die weltlichen und geistlichen Belange des Klosters verantwortlich. In den meisten Orden muss er sich gegenüber dem Generalkapitel verantworten, der Versammlung aller Äbte, die regelmäßig tagt, Klosterverwaltungen überprüft und untaugliche Äbte absetzt. Oberster Abt des Ordens ist der Abtprimas bei den Benediktinern, der Generalabt bei den Zisterziensern, der Ordensgeneral bei den Dominikanern und Jesuiten und der Generalminister bei den Franziskanern und Kapuzinern. Sie haben meist ihren Sitz in Rom und repräsentieren ihren Orden gegenüber dem Papst.

Der Abt, dessen Position im Mittelalter viel mächtiger war als heute, kann seinen Einfluss im Kloster selbst festlegen. Er kann über geistliche und weltliche Fragen alleine bestimmen oder sie über ein Gremium oder gar die Gesamtheit des Konventes klären lassen. Die mittelalterliche Macht gründete hauptsächlich auf großen Landbesitzungen im Umkreis des Klosters. Die Äbte wurden zum Beispiel in Fulda, Kempten, St. Gallen und Regensburg als Fürstäbte zu reichen Landesherren. Ungünstig für die Klöster waren von den Königen eingesetzte Laienäbte. Sie holten sich regelmäßig die Einkünfte des Klosters ab, ohne dort zu residieren und zu investieren. Diese Praxis erlosch allerdings ebenso wie die Macht der Fürstäbte mit der Französisch-en Revolution und der Säkularisation in Deutschland.

Der Stellvertreter des Abtes ist der **Prior**. Er wird vom Abt ernannt und vertritt ihn in seiner Abwesenheit. Seine Aufgabe ist die praktische Leitung des Klosters, das heißt die Leitung von Versammlungen und die Einteilung der Arbeit. In manchen Klöstern gibt es noch einen **Dekan**, der den Prior vertritt und ansonsten für die liturgischen Abläufe im Kloster verantwortlich ist. Der **Cellerar** ist der Kämmerer des Klosters. Er ist für die Annahme und Überprüfung der Einkünfte zuständig, außerdem für die Keller und Vorratsräume. Der **Bibliothekar** sorgt für die Beschaffung liturgischer Bücher. Im Mittelalter bestimmte er außerdem, welche Texte die Schreiber zu kopieren hatten. Der **Novizenmeister** ist zuständig für die Unterweisung des Nachwuchses.

Neben den Mönchen gibt es im Kloster noch die **Laienbrüder** oder **Konversen**. Sie sprechen andere Gelübde als die Mönche und ihnen fehlt immer die Priesterweihe. Sie werden im Gegensatz zu den Mönchen Bruder oder lateinisch *frater* genannt. Die Mönche nennt man Vater oder lateinisch *pater*. Früher lebten die Laienbrüder in einem abgetrennten Trakt und waren für all jene Arbeiten zuständig, die den Kontakt mit der Außenwelt mit sich brachten (landwirtschaftliche Tätigkeiten, Fischfang, Handwerk). Man konnte sie an der Kleidung und der anderen Tonsur von den Mönchen unterscheiden. Heute leben die Laienbrüder zusammen mit den Mönchen im Inneren der Klausur. Die **Novizen** als Nachwuchs des Klosters lebten früher ebenfalls in einem eigenen Klostertrakt. Erst mit der Ablegung der Profess durften sie in die Klausur der Mönche überwechseln.

Auch die Arbeit im Garten oder im Weinberg gehört zum klösterlichen Alltag; das Kloster St. Hildegard bei Rüdesheim produziert Weine wie »Klosterlay« und »Klosterberg«.

Die Klöster des Mittelalters begründeten die Kultur des Abendlandes. Sie wurden durch ihre Aktivitäten in der Mission, der Kultivierung von Land, dem Engagement in Lehre und Forschung zu Entwicklungshelfern Europas. Die Mönche und Nonnen prägten das Abendland nicht nur geistig, sondern auch wirtschaftlich, politisch und kulturell. Schon die Frankenkönige übertrugen den Klöstern viele Aufgaben.

Mission

Zur Zeit Karls des Großen waren weite Gebiete des Frankenreiches noch nicht christianisiert, sodass Karl wie schon seine Vorgänger im 7. und 8. Jahrhundert die Klöster mit dieser Aufgabe betraute. Später holten viele Landesherren Mönche des Reformordens der Zisterzienser in die abgelegenen Gebiete Europas, um dort die letzten Anhänger heidnischer Riten vom Christentum zu überzeugen. Östlich der Elbe im Slawengebiet entstanden deshalb im 12. und 13. Jahrhundert eine ganze Reihe von Zisterzienserklöstern. Auch Vertreter der Bettelorden und Ritterorden betrachteten die Mission als heilige Aufgabe. Höchst erfolgreich war der Deutsche Orden, der das Baltikum und das spätere Preußen christianisierte (s. S. 125 ff.). Eine besonders große Rolle spielte die Missionstätigkeit im 16. bis 18. Jahrhundert für die Jesuiten, die bis nach Asien und Südamerika reisten. Der Jesuitenmissionar Franz Xaver konnte in Indien und Japan große Erfolge verzeichnen und seine Briefe schürten eine ungeheure Missionsbegeisterung unter den Katholiken. Dass die jesuitischen Missionare längst nicht immer Hand in Hand mit den europäischen Kolonialmächten arbeiteten, zeigt sich in Lateinamerika. Spanier und Portugiesen fühlten sich durch die jesuitischen Missionare in ihren kolonialen Unternehmungen behindert und trieben im 18. Jahrhundert die bevorstehende Auflösung des Jesuitenordens voran. Andere Orden missionierten in dieser Zeit schon eher im Sinne der Kolonialherren, was mit Unterdrückung und Ausbeutung gleichzusetzen ist. Heute versuchen die christlichen Kirchen und mit

ihnen die weiterhin in der Mission aktiven Orden wie Franziskaner und Salesianer eher eine partnerschaftliche Zusammenarbeit mit den Kirchen der Missionsgebiete.

Bonifatius tauft die Friesen und erleidet den Märtyrertod, Buchmalerei, um 975.

Grundherrschaft – politische Macht

Die Äbte der mittelalterlichen Klöster übten neben ihren geistlichen Aufgaben auch die weltliche Grundherrschaft über das Land aus, das ihnen bei der Gründung und bei späteren Schenkungen zugedacht wurde, ebenso über seine Bewohner. Diese Aufgabe bedeutete wirtschaftliche und politische Macht für die Äbte, weshalb es einflussreichen Adelsfamilien wichtig war, diese Position mit einem Mitglied ihres Hauses zu besetzen. Wer die Grundherrschaft ausübte, war verpflichtet, für den Schutz der Bevölkerung zu sorgen, die sich in Kriegszeiten bei Angriffen ins Kloster flüchten konnte. Der Abt hatte das soziale Miteinander seiner Untertanen zu regeln, ihm oblag die Gerichtsbarkeit und die Finanzverwaltung, aber auch die Organisation der Landwirtschaft.

Manche Klöster und Orden hatten zudem großen Einfluss auf die politischen Machthaber, wie zum Beispiel die Cluniazenser und der Zisterzienserorden während der Kreuzzüge. Den Cluniazensern gelang gar eine Stärkung der Stellung des Papstes und eine Vermittlung im Investiturstreit im 11. Jahrhundert.

Im Heiligen Römischen Reich deutscher Nation wurden im 17. und 18. Jahrhundert in den katholischen Gebieten viele Klöster in Fürstabteien umgewandelt. Die Äbte waren nun auch mächtige Landesherren und geboten über umfangreiche Ländereien und viele Untertanen.

Kultivierung Europas

Klöster wurden häufig in unterentwickelten Gebieten gegründet und waren dann zuständig für die Urbarmachung des Landes. Besonders intensiv betrieb dies der Zisterzienserorden ab dem 12. Jahrhundert, der dort seine Klöster gründete, wo andere nicht siedeln wollten, weil die Gegend unwirtlich war. Die Mönche legten Sümpfe trocken, rodeten Wälder, kultivierten karges Land und schufen blühende Gärten um ihre Mauern. Die Zisterzienser entwickelten sich bald zu Kulturpionieren, veredelten Weinreben, okulierten Obstbäume und experimentierten mit Kräutern aus ihrem Garten, um daraus Heilsalben und –säfte für die Kranken herzustellen. Sie waren Experten für Fisch- und Pferdezucht, Bergbau und Mühlenwesen geworden und gaben ihr Wissen an andere Klöster und an die Bauern der Umgebung weiter. Ihre Innovationen bei der Nutzung der Wasserkraft, dem Bau von Stollen in Bergwerken, der Anlage von Fischteichen und beim Fruchtwechsel auf den Feldern verbreiteten sich über ganz Europa. Der Weinbau in Burgund hat sich dank der Zisterzienser zu dem entwickelt, was er heute noch ist.

Mönche bei der Erntearbeit. Tafel aus dem Bernhardsaltar von Jörg Breu d.Ä., Stift Zwettl, um 1500.

Zentren des Kunsthandwerks

Bevor sich mit der Urbanisierung in den jungen Städten neben dem Handwerk auch ein eigenes Kunsthandwerk herausbildete, waren im Früh- und Hochmittelalter die Techniken der Holz- und Elfenbeinschnitzerei, der Buchmalerei, der Gold- und Silberschmiedekunst und die Herstellung wertvoller Gewänder Domänen der Klöster. Ein Indiz hierfür sind der kostbare Reichsschatz, die Reichskleinodien des Kaisers wie Krone, Szepter und Reichsapfel. Sie wurden in Klöstern angefertigt, ebenso wie die kostbaren geschnitzten Deckel der handgeschriebenen Bücher oder die Schreine für heilige Reliquien und die Monstranzen für geweihte Hostien.

Liturgische Dienstleistungen – stellvertretendes Gebet

Die gesellschaftliche Hauptaufgabe der Klöster im Früh- und Hochmittelalter war das stellvertretende Gebet für die Gemeinschaft aller Gläubigen. Die Mönche und Nonnen beteten achtmal am Tag das Stundengebet nicht nur für ihr eigenes Seelenheil und zur Heiligung ihres Tages, sondern auch für die Menschen außerhalb der Klostermauern. Diese dankten den Gebetsexperten durch großzügige Spenden. Von großer Bedeutung war auch das Gedächtnisgebet. Es stellte die Beziehung zwischen Lebenden und Verstorbenen her. Verstorbene Märtyrer und Heilige wirkten als Bindeglied zwischen den Menschen und Gott und sollten als

Die Fußwaschung, aus dem Evangeliar Ottos III., hergestellt um 1000 auf der Insel Reichenau.

Fürbitter vor den Herrn treten. Verstorbene Verwandte konnte man ins Totenbuch des Klosters aufnehmen lassen. An ihrem Todestag wurde ihr Name verlesen und für sie gebetet, was nach allgemeinem Glauben eine Linderung ihrer Leiden im Jenseits und eine Verkürzung ihrer Strafen im Fegefeuer bewirkte.

Pilgerwesen und Sozialfürsorge

Insbesondere die Cluniazenser sahen den Ausbau des Pilgerwesens in Frankreich als eine ihrer wichtigen Aufgaben an. Entlang der großen Pilgerstraßen Richtung Rom und Santiago de Compostela bauten sie im Hochmittelalter Kirchen und Pilgerherbergen.

Die meisten Orden führen in ihrer Regel die Verpflichtung zur Fürsorge für die Armen. Armenspeisungen brachten manche Klöster fast an den Rande des Ruins. Im Jahr 1085 wurden in Cluny 17 000 Arme gespeist.

Mit der zunehmenden Urbanisierung Europas tauchten die Bettelorden auf, die sich neben der Predigt die Aufgabe stellten, die Armen und Bedürftigen in den Städten zu unterstützen. Die Leprastationen vor den Stadtmauern wurden meist von Bettelmönchen geführt, in den Spitälern innerhalb der Mauern übernahmen die Franziskaner die schwersten Arbeiten beim Dienst an den Kranken. Sie sahen sich als Mahner der Reichen und Unterstützer der Armen, ihre Predigten motivierten die Wohlhabenden, Geld und Naturalien für die Bedürftigen zu spenden. So wiesen die Franziskaner den Gläubigen den Weg zum Heil durch eigenverantwortliches Handeln in Form von Buße und Barmherzigkeit.

Die Ritterorden der Johanniter (später auch Malteser) und Templer und der Deutsche Orden, die im 12. Jahrhundert während der Kreuzzüge im Heiligen Land gegründet worden waren, sahen sich neben ihrer Funktion als Gotteskämpfer auch als Krankenpfleger. Der Johanniterorden hat diese Aufgabe bis heute bewahrt, inzwischen in einem protestantischen Zweig der Johanniter und einem katholischen Zweig der Malteser.

Abb. rechts:
Schreibender Mönch, Selbstporträt von Eadwine of Christchurch, der um 1150 in Canterbury tätig war.

Bewaffneter Gotteskampf und politische Eigenstaatlichkeit

Mit den Kreuzzügen entstanden die Ritterorden, die mönchische Ideale mit dem Kampfgeist der Ritter verbanden. Im Heiligen Land kämpften sie gegen die »Ungläubigen«, später aber auch gegen den christlichen Kaiser von Byzanz. Dabei eroberten die Johanniter die Mittelmeerinsel Rhodos, wurden aber 1523 von den Türken unter Suleiman dem Prächtigen von dort vertrieben. Wenige Jahre später spielten die Johanniter, die inzwischen zu Maltesern geworden waren, weil sie sich auf der gleichnamigen Insel niedergelassen hatten, die entscheidende Rolle im Kampf gegen den Islam: 1565 stießen türkische Truppen mit Vehemenz gegen Europa vor und wollten zunächst den christlichen Vorposten auf Malta einnehmen. Dort gelang es den Malteserrittern, der monatelangen Belagerung der türkischen Übermacht standzuhalten, bis diese nach schwersten Verlusten auf beiden Seiten abzog. Der Deutsche Orden trat schon zu Beginn des 13. Jahrhunderts unter dem Stauferkaiser Friedrich II. als kämpferische Gruppierung auf. Sie eroberte für ihn das Kulmer Land als Stammland der Preußen und später auch das Baltikum und gründete schließlich einen unabhängigen Ordensstaat.

Eifrige Schüler beim Unterricht, Buchmalerei aus dem 12. Jh.

Zentren des Wissens und der Bildung

Aus Klöstern wurden schon unter Karl dem Großen im staatlichen Auftrag Zentren der Bildung. Die keltischen Schreibschulen, die im 6. und 7. Jahrhundert in den Klöstern der britischen Inseln eine große Blüte erreicht hatten, konnten schon bald auf das Festland ausstrahlen. Karl der Große vereinheitlichte nun die Schrift im ganzen Reich, sein Nachfolger Ludwig der Fromme schließlich auch die Klosterregeln, sodass von den Klosterschulen auch ein einheitliches Wissen ausging. Die Schulen waren nicht nur für die Ausbildung der Mönche gedacht, auch der Adel ließ seine Kinder dort erziehen. Schon im 8. und 9. Jahrhundert gab es in Tours an der Loire, in St. Gallen und in Fulda berühmte Klosterschulen. Ab dem 13. Jahrhundert leiteten die Dominikaner die bedeutendsten Schulen und Studienzentren der christlichen Orden. Die Theologie wurde durch sie zur echten Wissenschaft. In der Neuzeit spielten die Kollegien der Jesuiten eine große Rolle, sie hatten einen ausgezeichneten Ruf und viele Eltern schickten ihre Kinder dorthin zur Ausbildung. Wie wichtig sie waren, zeigt die Tatsache, dass Preußen und Russland 1773 die päpstliche Bulle zur Auflösung des Jesuitenordens nicht annahmen, weil sie in den neu eroberten polnischen Gebieten nicht auf die Jesuiten als Lehrer verzichten wollten.

Die Klöster waren im Mittelalter prädestiniert für die Vermittlung von Wissen, weil ihre Bewohner oft weit und breit die einzigen waren, die lesen und

Inquisition und Gegenreformation
Der Prediger- und Bettelorden der Dominikaner spielte im 13. Jahrhundert beim Versuch, Abtrünnige wieder in den Schoß der Papstkirche zurückzuholen die entscheidende Rolle. Die Katharer in Südfrankreich und andere Abspaltungen wurden von den speziell vom Papst beauftragten dominikanischen Inquisitoren unter Druck gesetzt und bei Uneinsichtigkeit auf grausame Art und Weise verfolgt und bestraft. Nicht ganz so brutal gingen vom 16. bis 18. Jahrhundert im Zeitalter der Gegenreformation die Jesuiten vor. Auch sie hatten vom Papst die Aufgabe erhalten, Abtrünnige, diesmal Protestanten, in die katholische Kirche zurückzuholen. Besonders in Polen waren sie dabei sehr erfolgreich.

schreiben konnten. Nur hier gab es Bibliotheken und Schreibstuben, wo Wissen gesammelt und kopiert wurde. Es gab zwar Zeiten, in denen die Werke der Antike als ketzerisch angesehen wurden, trotzdem bewahrten einige Klöster die alten Schriften weiterhin auf. Vor allem die Dominikaner bemühten sich um die Übersetzung und Vermittlung der antiken Dichter und Denker. Thomas von Aquin war im 13. Jahrhundert ein bedeutender Vertreter dieser Zeit.

Die Gegenwart

Heute dominiert überall in Europa das staatliche Schulwesen. Dennoch gibt es in vielen Ländern weiterhin kirchliche Privatschulen, auch Klosterschulen, die in den letzten Jahren einen neuen Aufschwung genommen haben. Im Zeichen von Werteverfall und Orientierungslosigkeit ist das nicht verwunderlich. Bedeutende Klosterschulen, oft auch mit angeschlossenem Internat, betreiben heute Jesuiten, Karmeliter, Benediktiner, Dominikaner, Englische Fräulein, Maristen und Salesianer. Den Bereich der Forschung beanspruchen die Jesuiten mit einer großen Anzahl von Hochschulen weltweit, im deutschsprachigen Raum hat ihre Hochschule für Philosophie in München einen ausgezeichneten Ruf.

Viele Klöster geben heute im Rahmen des Programms »Kloster auf Zeit« Hilfestellungen für Probleme des modernen Menschen. Die Besucher finden Lebenshilfe, können natürlich auch religiöse Erfahrungen machen. Charismatische Benediktinermönche wie Odilo Lechner aus München, Anselm Grün aus Münsterschwarzach und Willigis Jäger aus Würzburg veröffentlichen Bücher über Spiritualität, Lebenshilfe und neue Wege zum Glauben, die hohe Auflagen erreichen.

Die Hauptaufgaben, die sich die Klöster heute stellen, liegen im Bereich der Krankenpflege, der Erziehung und der Seelsorge. Einige Orden sind auch noch stark in der Mission tätig, wie die Franziskaner, die sich beispielsweise in Südamerika um die Ärmsten der Armen kümmern.

Der Begriff Orden leitet sich ab von lateinisch *ordo*, was soviel bedeutet wie »Reihe«, »Ordnung« oder »Stand«. Dies bezieht sich sowohl auf die äußere Ordnung, für die der strikte Tagesablauf in den alten Mönchsorden sorgt, aber auch auf die innere Ordnung, die auf eine möglichst große Übereinstimmung des Menschen mit Gott zielt.

Antoniter

Der größte Hospitalorden (s. S. 140) des Abendlandes geht zurück auf den hl. Antonius, den Mönchsvater und Eremiten des 4. Jahrhunderts, der berühmt war als Heiler von Kranken und als Schutzheiliger gegen Seuchen gilt.

Hospitäler gab es im Mittelalter nicht wenige: Hospitäler für Arme, für durchreisende Pilger, für Wöchnerinnen, für Waise oder für Krüppel. Träger dieser Hospitäler waren städtische Stiftungen oder geistliche Orden. Der Antoniterorden, 1095 in Saint-Didier-de-la-Motte in Frankreich gegründet, kümmerte sich ausschließlich um Menschen, die am Antoniusfeuer erkrankt waren. Im 13. Jahrhundert waren die Antoniusbrüder für die Krankenpflege an der päpstlichen Kurie zuständig und erhielten von Innozenz IV. das Recht zur Bildung eines Konvents, der nach der Augustinerregel lebte. Der Orden im Dienste der Krankenpflege verbreitete sich schnell in ganz Europa und zählte zu seiner Blütezeit rund 300 Niederlassungen.

Vor der Aufnahme ins Hospital wurden die Kranken vor einem Ausschuss untersucht und mussten nachweisen, dass sie am Mutterkornbrand litten. Die aufgenommenen Kranken mussten Gehorsam und eine fromme Lebensweise einschließlich Keuschheit geloben und ihr Vermögen dem Orden übereignen, denn die Aufnahme ins Spital entsprach einem Ordenseintritt. Als Gegenleistung war ihnen Behandlung und Pflege bis zum Tod sicher. Mit Antoniusbalsam salbte man die erkrankten Glieder und tränkte sie zusätzlich mit Antoniuswein, der mit verschiedenen Kräutern aufgegossen und über einen vermeintlichen Armknochen des Heiligen gegossen wurde. Wenn alles

Antoniusfeuer

Als Antoniusfeuer bezeichnete man im Mittelalter eine epidemieartige Krankheit, die Ende des 11. Jahrhunderts in Europa wütete, und die man später als Vergiftung durch Mutterkorn (Mutterkornbrand) identifizierte. Der Mutterkornpilz befiel in feuchten Jahren vornehmlich Roggen. Bald nach dem Verzehr von infiziertem Getreide kam es zu Vergiftungserscheinungen – eine Katastrophe in einer Zeit, als Getreide in Form von Brot und Brei Hauptnahrungsmittel war.

nicht half, wurden die Gliedmaßen amputiert. Neben dem Vermächtnis der Kranken sorgten regelmäßige Almosensammlungen für den Unterhalt des Ordens. Die sogenannte Quest – eine Art moderne Pflegeversicherung – wurde von Questoren eingetrieben. Unverzichtbar waren aber nicht zuletzt die Einkünfte aus der Verwertung der Antoniusschweine, die auf Kosten der Allgemeinheit in den Straßen der Städte und Dörfer gehalten wurden. So geht auch der Ausdruck »Schwein haben« auf den Antoniterorden zurück. Der hl. Antonius wurde deshalb im süddeutschen Raum auch bekannt als Sau- oder Fackentoni, in Westdeutschland als »Swinetünnes«. Bis heute ist er der Schutzheilige der Bauern und ihrer Nutztiere, aber auch der Sauhirten und Metzger.

Der hl. Antonius in der Wüste, zwei Schweine begleiten ihn, Buchmalerei aus einem Stundenbuch, 15 Jh.

Der Niedergang des Antoniterordens begann bereits im 14. Jahrhundert und mit der Reformation geriet er zunehmend in Bedrängnis. Die Bereitschaft der Gläubigen zur Opfergabe nahm immer mehr ab, der Glaube an Wunderheilungen ging verloren. Antoniusschweine verschwanden von den Plätzen, weil sich die Hygienevorstellungen änderten. Im 18. Jahrhundert gingen die Antoniter schließlich im Johanniterorden auf. Auf den Spuren einer spätmittelalterliche Antonitersiedlung wandelt man im Antonierhaus und der Antonier kapelle in Memmingen (Unterallgäu).

Augustiner-Chorherren

Im Gegensatz zu den Mönchen war den Chorherren bzw. Kanonikern (s. S. 123 ff.) Privatbesitz gestattet. Doch während der Kanonikerreform des 11./12. Jahrhunderts stieß dieses Privileg zunehmend auf Vorbehalte. Von kritischen Geistern wurde Privateigentum als Grundlage allen Übels angesehen und fortan wurde auch den Priestergemeinschaften die *vita communis*, das gemeinschaftliche Leben, und das Teilen der Einkünfte empfohlen. Dies war die Geburtsstunde der Augustiner-Chorherren.

Vorbild und Namensgeber des Ordens war der Kirchenlehrer Augustinus (354–430), der als Bischof von Hippo Regius (Nordafrika) mit seinem Klerus eine Lebensgemeinschaft gebildet hatte, die eine Synthese aus priesterlichem und klösterlichem Leben anstrebte. Da es Augustinus jedoch fern lag, einen Orden zu gründen, können sich die Augustiner-Chorherren nicht auf einen Ordensstifter berufen.

Chorherren und Kanoniker, die die Augustinusregel annahmen, lebten in klösterlichen Gemeinschaften zusammen und legten die Gelübde ab. Seither nann-

Klöster und Kirchen der Augustiner sind einfache Zweckbauten, die fast ausschließlich in Städten entstanden. Zu den wenigen herausragenden Kirchenbauten gehört Santo Spirito, die Renaissance-Kirche, die Filippo Brunelleschi für die Augustiner in Florenz erbaute.

ten sie sich regulierte Chorherren oder Regularkanoniker. Der Alltag der Chorherrenorden unterschied
sich kaum von dem der Mönchsorden. Einzige Ausnahme: Sie hatten das klösterliche Gemeinschaftsleben
mit dem priesterlichen Dienst und der Seelsorge zu
verbinden.

Seit Beginn des 12. Jahrhunderts verbreiteten sich
die Augustiner-Chorherren rasch im gesamten Abendland. Ihr erstes Zentrum in Deutschland war 1073
Kloster Rottenbuch in Bayern, das für die Kanonikerreform in Bayern eine große Rolle spielte. Der Reform-
wille der frühen Jahre ließ mit der Zeit nach, in vielen
Stiften zeigten sich Verfallserscheinungen. Nichtsdestotrotz zählte man im Spätmittelalter rund 1600 Au-
gustiner-Chorherrenstifte in Europa. Viele fielen der
Reformation zum Opfer, die Französische Revolution
und schließlich die Säkularisation taten ein Übriges.
Stolze Stifte wie Baumburg, Berchtesgaden, Dießen
am Ammersee, Rottenbuch oder Herrenchiemsee wurden aufgehoben. Heute gibt es wieder rund 100 Niederlassungen. Zu den bekanntesten zählt Stift Klosterneuburg, einige Kilometer nordwestlich von Wien.

Augustiner-Eremiten, Augustiner-Rekollekten, Augustiner-Barfüßer

Aus mehreren Eremitengruppen, die sich Mitte des
13. Jahrhunderts in der Toskana zusammenschlossen,
entstand der Orden der Augustiner-Eremiten, ein Bettelorden, der sich ebenfalls auf das Vorbild des hl. Augustinus berief.

Der Dienst für die Kirche (*vita activa*) und die geistliche Betrachtung (*vita contemplativa*) ergänzten sich
im Mittelalter wie heute im Leben der Ordensbrüder.
Diese leben in Konventen zusammen, die jeweils von
einem Prior geleitet werden. Die einzelnen Konvente
wiederum sind zu Ordensprovinzen zusammengeschlossen und ein General, der alle sechs Jahre gewählt
wird, steht dem gesamten Orden vor; ein Provinzial,
der alle vier Jahre gewählt wird, der Provinz. Der Ge-
samtorden setzt sich also aus Provinzen zusammen,

die geografisch geordnet sind, und diese wiederum setzen sich aus den einzelnen Konventen zusammen. Mitte des 18. Jahrhunderts zählte der Augustinerorden 43 Provinzen mit rund 1500 Konventen, ergänzt um die Klöster der Augustinerinnen (Zweiter Orden), die seit dem 13. Jahrhundert dem jeweiligen Ordensgeneral der Augustiner-Eremiten unterstanden. Ein Dritter Orden (s. S. 129) bildete sich ebenfalls im 13. Jahrhundert.

Mit der Zeit ließ die Regeltreue quer durch die Konvente immer mehr zu wünschen übrig. Reformen waren dringend nötig. Der Reformbewegung in Deutschland schloss sich der Erfurter Konvent an, dem seit 1505 Martin Luther, der wohl berühmteste Augustinermönch, angehörte. Seine Schrift gegen die Mönchsgelübde führte schließlich dazu, dass viele Mitbrüder den Orden verließen und verursachte die schwerste Krise des Ordens. Fast die Hälfte der Augustinerklöster musste ihre Pforten schließen.

Besonders in Spanien und Portugal fanden die Augustiner nach dem Konzil von Trient (1545–1563) zu neuer Stärke und Augustinermönche brachen auf zu ausgedehnten Missionsreisen vor allem nach Asien. Das Bildungswesen der Augustiner war stets vorbildlich. Viele Brüder übernahmen Lehrstühle an den ersten europäischen Universitäten der

---

Augustinusregel, 3. Kapitel

1. Bezwingt euren Leib durch Fasten und Enthaltung von Speise und Trank, soweit es eure Gesundheit zulässt. Wer es nicht ohne Nahrung bis zur Hauptmahlzeit, die gegen Abend eingenommen wird, aushalten kann, darf vorher etwas essen und trinken, jedoch nur zur Stunde der sonst üblichen Mittagsmahlzeit. Wer aber krank ist, darf jederzeit etwas zu sich nehmen.

2. Hört vom Beginn bis zum Ende der Mahlzeit aufmerksam der üblichen Lesung zu, ohne euch dabei lauthals zu äußern oder gegen die Worte der Heiligen Schrift zu protestieren. Denn ihr sollt nicht nur mit dem Mund euren Hunger stillen, sondern auch eure Ohren sollen hungern nach dem Wort Gottes.

3. Einige haben als Folge ihrer früheren Lebensgewohnheit eine schwächliche Gesundheit. Wenn für sie bei Tisch eine Ausnahme gemacht wird, dürfen die Übrigen, die aufgrund anderer Lebensgewohnheiten kräftiger sind, dies nicht übel nehmen oder gar als ungerecht empfinden. Auch sollen sie nicht meinen, dass jene glücklicher sind, bloß weil sie bessere Speisen erhalten als die Übrigen. Sie sollen vielmehr froh sein, dass sie selber fertigbringen, wozu jenen die Kraft fehlt.

4. Einige waren vor ihrem Klostereintritt eine üppigere Lebensführung gewohnt und erhalten deswegen etwas mehr an Speise und Kleidung, ein besseres Bett oder zusätzliche Bettdecken. Die an deren, die kräftiger und somit glücklicher sind, bekommen dies nicht. Aber bedenkt dabei wohl, wie viel diese Brüder jetzt im Vergleich zu ihren früheren Lebensbedingungen entbehren müssen, selbst wenn sie nicht dieselbe Anspruchslosigkeit aufbringen können wie jene, die vom Leib her kräftiger sind.

Neuzeit und seit dem 17. Jahrhundert widmeten sich die Augustiner besonders dem Schulwesen. Nach einer Periode des Niedergangs im 19. Jahrhundert blühte der Orden im 20. Jahrhundert erneut auf und kann heute auf rund 500 Niederlassungen weltweit verweisen. 1968 wurde der Zusatz »Eremit« aus dem Ordensnamen getilgt, weil die Mönche kein Einsiedlerdasein führen. Sitz der deutschen Ordensprovinz ist heute Würzburg.

Martin Luther, prominentestes Mitglied der Augustiner-Eremiten.

Unter dem Einfluss der Teresa von Avila bildete sich im 16. Jahrhundert eine Reformkongregation, die sich Rekollekten nannte. Seit 1912 sind die Augustiner-Rekollekten ein eigenständiger Orden. Die Reformkongregation der Augustiner-Barfüßer kehrte gegen Ende des 16. Jahrhunderts zu alter Strenge und Regeltreue zurück und bildet seit 1931 ebenfalls einen eigenständigen Orden.

Barmherzige Brüder vom hl. Johannes von Gott

Der Orden der Barmherzigen Brüder vom hl. Johannes von Gott gehört zu den Hospitalorden (s. S. 140) und formierte sich 1540 in Granada (Spanien) zunächst als Gemeinschaft von Laien um den hl. Johannes von Gott (Juan Ciudad, 1495–1550).

Johannes war eine charismatische Persönlichkeit, die es verstand, Menschen für seine Ideale zu gewinnen. Seine schlechten Erfahrungen im königlichen Hospital in Granada veranlassten ihn, 1539 ein eigenes Hospital zu eröffnen und im Gesundheitswesen neue Wege einzuschlagen. Er war ein praktischer Mensch, der stets das Wohl der Hilfsbedürftigen im Sinn hatte und große Verbesserungen in der Krankenpflege bewirkte. Zwei Jahre nach seinem Tod entstand das Krankenhaus, das heute noch neben der barocken Basilika des Heiligen in Granada steht. Der bald darauf gegründete

Orden der Barmherzigen Brüder verbreitete sich schnell in der ganzen Welt. Schon um 1600 wurden die Krankenhäuser auf der Tiberinsel in Rom, die Charité in Paris und Niederlassungen in Südamerika gegründet. 1605 entstand das erste Hospital im deutschsprachigen Raum, im heute tschechischen Feldsberg.

Der Orden ist nach wie vor aktiv und die Gemeinschaft der Barmherzigen Brüder betreut bis heute alte und behinderte Menschen oder Obdachlose. Jeder Bruder macht zunächst eine Ausbildung als Krankenpfleger oder Heilerziehungspfleger und kann sich nach eigenen Interessen und Fähigkeiten fortbilden. Weltweit gibt es mehr als 250 Ordenssitze, in Deutschland vier Behinderten- und drei Alteneinrichtungen, drei Krankenhäuser, die Kneipp'schen Stiftungen sowie zwei Palliativstationen für Sterbenskranke. Vorreiter waren die Barmherzigen Brüder in der Hospizarbeit. Die erste bayerische Palliativstation wurde 1991 im Krankenhaus der Barmherzigen Brüder in München eröffnet. In Regensburg betreiben die Barmherzigen Brüder das größte Ordenskrankenhaus in Deutschland.

Beginen

Die religiöse Laienbewegung der Beginen – die Herkunft des Namens ist ungeklärt – entstand im späten 12. Jahrhundert. Zu dieser Zeit klopften mehr Kandidatinnen an die Tore der Klöster, als aufgenommen werden konnten. So schlossen sich mehr und mehr unverheiratete Frauen oder

Darstellung einer Begine von Jost Amman, Holzschnitt aus einem Buch mit Frauentrachten von 1586.

Ein Beginn.

EJn ander Weiber Orden war/
Die hatten sich begeben zwar
Ein zeitlang ins Kloster Leben
Nach grosser Frombkeit zu streben/

Wann sie nun die Gottseligkeit
Erlehrnet im Beginnen Kleid/
Dann war es jhnen keine Schand/
Sich zu begeben in Ehstand.

Witwen ohne Bindung an einen Orden zu selbstverwalteten klosterähnlichen Gemeinschaften zusammen, um ihr Leben Gott und der christlichen Nächstenliebe zu widmen. Die Beginenhöfe entwickelten sich für viele Frauen, die aus unterschiedlichen Gründen nicht ins Kloster eintreten konnten oder wollten, aber dennoch geistliche Betreuung und soziale Versorgung suchten, zu einer Alternative zum Kloster. Die Frauen legten keine Gelübde ab, aber schworen Keuschheit und Armut, widmeten sich häufig der Krankenpflege und unterrichteten. Ein solches Leben ohne klösterliche Klausur und ohne die Fesseln der Ehe mochte vielen Frauen im Mittelalter höchst attraktiv erscheinen. Vor allem am Niederrhein und in den Niederlanden waren die Beginen sehr verbreitet. Allein in Köln gab es Ende des 15. Jahrhunderts mehr als 100 Beginenhöfe, die von einer Magistra, einer Meisterin, geleitet wurden. Rechtlich waren die Beginen jedoch nicht abgesichert und weil sie nicht selten der Häresie verdächtigt wurden, schlossen sie sich häufig in lockerer Form an Klöster der Bettelorden an.

In den Beneluxländern überlebten einige der Beginenhöfe bis heute, wenn auch mit geringer Mitgliederzahl. Mehrere Beginenhöfe in Belgien, z. B. in Brügge, wurden in die Liste des UNESCO-Weltkulturerbes aufgenommen. Im Rahmen der Frauenbewegung wurden in der Tradition der Beginenhöfe Frauengemeinschaften gegründet, die das soziale Modell der traditionellen Beginen aufnahmen, allerdings meist ohne die christlich-religiöse Orientierung.

Beginen als Opfer der Inquisition

Der französische Dominikaner Bernard Gui verurteilte im »Handbuch der Inquisitionspraxis« 1323 die Beginen: »Besagte Beginen wohnen in Dörfern und Kleinstädten und haben Häuschen, in denen manche miteinander zusammen wohnen; sie nennen sie gewöhnlich ›Häuser der Armut‹. In diesen Häusern treffen sich öfter an Sonn- und Feiertagen die dort Zusammenwohnenden mit anderen, die sonst einzeln in ihren Häusern bleiben, und mit Vertrauten und Freunden der Beginen. Und dort lesen sie oder lassen sich vorlesen aus den erwähnten Büchlein und Heften in der Volkssprache, aus denen sie ihr Gift saugen [...] So ahmt die Schule des Teufels unter dem Anschein des Guten nach Art eines Affen in manchem die Schule Christi nach. Dabei müssen doch die Gebote Gottes und die Glaubensartikel der heiligen Kirche öffentlich, nicht heimlich verkündet und erklärt werden, von Leitern und Hirten der Kirche und Lehrern und Verkündern des Gottesworts, nicht von einfachen Laien. Bemerkenswert ist auch, dass manche von ihnen öffentlich von Tür zu Tür betteln gehen, weil sie angeblich die evangelische Armut kennen. Andere betteln nicht öffentlich, sondern arbeiten und verdienen sich etwas mit ihren Händen und führen ein armes Leben«.

Der hl. Benedikt, wie ihn Hartmann Schedel in seiner Weltchronik porträtiert.

Benediktiner

Benedikt von Nursia gilt als Vater des abendländischen Mönchtums und mehrere Jahrhunderte lang prägten Benediktinerklöster entscheidend die abendländische Kultur. Die Klöster lebten nach der Regula Benedicti, der berühmtesten aller Klosterregeln, die Benedikt für die Mönche seines Klosters Montecassino im frühen 6. Jahrhundert niederschrieb (s. S. 21). Kirchenrechtlich bildeten die Benediktiner jedoch keinen Orden. Erst 1893 schuf Papst Leo XIII. die Konföderation der Benediktiner (Ordo Sancti Benedicti, OSB) und gab ihr mit dem Abtprimas einen Repräsentanten, der den Orden nach außen – auch vor dem Heiligen Stuhl – vertritt und gleichzeitig Abt des Klosters San Anselmo in Rom und Großkanzler des Internationalen Benediktinerkollegs auf dem Aventin ist. Seit 2000 hat dieses Amt der Deutsche Notker Wolf inne.

Die Lebensgeschichte des Gründers der Abtei von Montecassino kennen wir nur durch seinen »Biografen«, Papst Gregor den Großen, der Benedikt 593/94 in seinen »Dialogen« als vorbildlichen Gottesmann vorstellte. Durch Gregor wissen wir, dass Benedikt gegen 480 in Nursia (heute Norcia), Umbrien, geboren wurde. Er brach sein Studium in Rom ab, um ein asketisches Leben in der Einsamkeit zu führen. Das Eremitentum gab er aber bald auf, um mit einer Gruppe Gleichgesinnter ein Kloster auf dem Hügel Monte Cassino zwischen Rom und Neapel zu gründen.

Das Kloster wurde rund zwei Jahrzehnte nach Benedikts Tod (um 547) durch die Langobarden zerstört. Die Mönche flüchteten mit Benedikts Hinterlassenschaft, seiner Klosterregel, nach Rom.

Die Regula Benedicti regelt den Tagesablauf der Mönche, bestimmt die Position des Abtes, ist aber im Vergleich zu anderen Klosterregeln mild und wenig dogmatisch. Dass sie im Lauf des Mittelalters zur bestimmenden Klosterregel des Abendlandes wurde, war jedoch mehr oder weniger Zufall. Benedikts Kloster Montecassino wurde rund zwei Jahrzehnte nach dem Tod des Gründers zerstört und lag 140 Jahre lang in Trümmern. Benedikt und seine Regel gerieten in Vergessenheit, bis Mönche des Klosters Fleury – heute St.-Benoît-sur-Loire – bei Orléans Ende des 7. Jahrhunderts in den Trümmern von Montecassino nach den Gebeinen Benedikts suchten und diese angeblich nach Frankreich brachten. Seither verehrt man die Reliquien des Heiligen dort, aber auch nach wie vor in Montecassino sowie in Einsiedeln (Schweiz), Benediktbeuren (Oberbayern) und Metten (Niederbayern). Montecassino selbst wurde erst 717 wiederbesiedelt und endlich gewann die Regula Benedicti auch in ihrem Mutterland an Bedeutung.

Dass Benediktiner ganz und gar nicht weltfremd sind, demonstriert auch Notker Wolf, Abtprimas und oberster Repräsentant des Benediktinerordens. Der bekennende Rockmusik-Fan zeigt sich gern mit E-Gitarre.

Fünfzig Jahre später wollte Karl der Große den Klöstern seines Reiches eine einheitliche Ordnung geben und ließ sich eine Abschrift der Benediktregel nach Aachen bringen. Endgültig wurde sie 816/17 bindend für alle Klöster im Frankenreich. Der Einfluss der Benediktinermönche wuchs und wuchs: Sie trieben die Christianisierung der letzten heidnischen Gebiete Europas voran, machten weite Landstriche urbar und stellten die Bildungselite Europas. Ihnen verdanken wir die Rettung des antiken Erbes, denn die Mönche sammelten und übersetzten antike Schriften. Im Karolingerreich unterhielt jedes Kloster nach der Bildungsoffensive Karls des Großen eine Schule, um Novizen sowie Söhne aus Herrscherfamilien oder Stifterfamilien im Lesen und Schreiben zu unterrichten. Der Blütezeit des benediktinischen Klosterlebens folgte ein Niedergang: Immer wohlhabender und einflussreicher wurden die Klöster und Benedikts Forderung nach Bescheidenheit und einem Gleichgewicht zwischen Gebet und Arbeit (*ora et labora*) geriet in Vergessenheit. Für die Arbeit waren bald Laienbrüder zuständig, während die Mönche sich ganz dem wachsenden Gebetspensum widmeten.

Ausgangspunkt einer Reform wurde das Kloster Cluny in Burgund (s. S. 30), dem sich viele Klöster anschlossen. Doch auch in Cluny entfernte man sich mehr und mehr vom benediktinischen Armuts- und Arbeitsideal und die nächste Reform ging knapp zweihundert Jahre später vom Kloster Citeaux aus, aus dem der Orden der Zisterzienser (s. S. 200) hervorging. Es kam zu weiteren Ordensabspaltungen: Eremitische Bewegungen wie die Kartäuser (s. S. 148 ff.) oder die Kamaldulenser (s. S. 144 ff.) formierten sich. Gemeinsame Basis aller neuen Orden blieb jedoch die Regula Benedicti und bis ins 11. Jahrhundert waren Mönchtum und Benediktinertum identisch. Erst neue Orden wie Prämonstratenser und Augustiner-Chorherren sowie später die Bettelorden weichten die Dominanz der Benediktiner auf.

Im Gefolge der Reformation schloss im 16. Jahrhundert die Hälfte der rund 1550 Benediktinerklöster – vor allem in Nord- und Nordwesteuropa, aber auch in Deutschland. Im Zuge der Säkularisierung zu Beginn des 19. Jahrhunderts wurden im deutschsprachigen Raum fast alle Benediktinerklöster aufgelöst, aber vor allem in Bayern kam es bereits ab 1830 zu zahlreichen Neugründungen oder zur Restauration alter Klöster.

Heute gibt es im deutschsprachigen Raum rund 60 Männer- und 40 Frauenklöster, der Benediktinerorden ist damit der mitgliederstärkste Orden in Deutschland. Eine übergreifende Ordensorganisation existiert nicht, stattdessen sind die meisten Klöster in Kongregationen zusammengeschlossen. Diese gehören wiederum zur Benediktinischen Konföderation.

Das Kloster **Weltenburg**, am Eingang des Donau-durchbruchs gelegen, ist die älteste klösterliche Nieder-lassung Bayerns. Es wurde von den iroschottischen Wandermönchen um das Jahr 600 gegründet. Fast 1000 Jahre alt ist die Abtei **Maria Laach** in der Vulkan-eifel. Kloster **Andechs** auf dem Heiligen Berg über dem Ostufer des Ammersees ist seit über einem halben Jahrtausend ein beliebtes Pilgerziel. Aus dem 14. Jahr-hundert stammt das ebenfalls viel besuchte Kloster **Ettal**, eindrucksvoll am Alpenrand gelegen, dem die be-rühmte Klosterschule Ettal angegliedert ist. Das älteste noch bestehende Frauenkloster nördlich der Alpen ist das Benediktinerinnenkloster **Nonnberg** in Salzburg, das 712/15 gegründet wurde. Auch Kloster **Frauen-chiemsee** auf der Fraueninsel im Chiemsee wurde nur für kurze Zeit aufgehoben. 772 war es vom Bayernher-zog Tassilo III. gegründet worden und als die Säkulari-sation 1803 die Aufhebung verlangte, wurde den Non-nen gestattet, im Konvent wohnen zu bleiben und fünf von ihnen durften die Wiedereinrichtung des Klosters 1838 erleben. Das Kloster **Eibingen**, oberhalb von Rü-desheim am Rhein gelegen, wurde von Hildegard von

Die Benediktinerabtei Ettal in Oberbayern.

Bingen gegründet, die Klostergebäude um 1900 neu errichtet.

Heute wie zur Zeit Benedikts steht das gemeinsame Gebet im Zentrum des benediktinischen Klosterlebens, das noch immer den Tagesablauf gliedert. Durch das Zweite Vatikanische Konzil wurde die Anzahl der vorgeschriebenen Gebetszeiten reduziert, die genaue Anzahl bestimmt heute jedes Kloster individuell. Arbeit bietet den nötigen Ausgleich und sichert den Lebensunterhalt der Klöster. Heute wie im Mittelalter unterhalten viele Ordensniederlassungen Schulen, zu den berühmtesten gehört die Klosterschule Ettal in Oberbayern. Mehr und mehr hat man sich in der jüngsten Vergangenheit aber auch in der Erwachsenenbildung engagiert und Seminarzentren geschaffen, die berufliche Fortbildung und/oder spirituelle Erfahrung anbieten. Viele Benediktinerklöster nehmen auch zeitweise Laien auf, die sich für den Alltag der Benediktiner interessieren (Kloster auf Zeit, Urlaub im Kloster). Seit im 19. Jahrhundert der Zweig der Missionsbenediktiner der Benediktinerkongregation St. Ottilien gegründet wurde, sind Benediktiner auch in der Mission aktiv.

Bettelorden

Die Bettelorden, zu denen man Franziskaner (s. S. 136 ff.), Dominikaner (s. S. 111 ff.), Augustiner-Eremiten (s. S. 128 f.) und Karmeliten (s. S. 145 ff.) zählt, gingen im 13. Jahrhundert aus der Armutsbewegung hervor. Sie versuchten, ein Leben in der Nachfolge Christi zu verwirklichen, in dem Buße, Predigt und Seelsorge eine entscheidende Rolle spielten. Entscheidend für ihr Entstehen war das Aufblühen der Städte. Die Klöster der alten Orden wurden meist in abgelegenen Regionen erbaut, um die Konzentration der Mönche und Nonnen auf das Gotteslob nicht zu stören. Doch nun traten neben die kontemplativen die karitativen Orden, für die die Seelsorge – der Dienst am Mitmenschen – im Mittelpunkt stand. Aus diesem Grund errichteten sie ihre Häuser im Zentrum der Städte.

Die Armutsforderung erhielt durch die Bettelorden eine neue Dimension: Zwar hatten auch die Mitglieder der alten Orden das Gelübde der Armut abgelegt, aber es bezog sich ausschließlich auf den einzelnen Mönch oder die Nonne, nicht auf das Kloster selbst, das durch Mitgiften oder Schenkungen oft beträchtliche Besitztümer anhäufte. Die Bettelorden fassten den Armutsanspruch weiter: Franziskus von Assisi und seine Brüder lebten in der Regel zwar nicht vom Betteln, aber von ihrer Hände Arbeit. Als Lohn erhielten sie ausschließlich Nahrung, niemals Geld. Ihre schlichten Klöster waren im Besitz der Städte, die sie wiederum nutzen durften für Ratsversammlungen, Gerichtsverhandlungen oder als städtisches Gästehaus. Weniger eng fassten die Dominikaner das Armutsgebot. Diente es dem wichtigsten Ziel des Ordens, der Bekehrungsarbeit, so war den Klöstern der Besitz erlaubt.

Franziskaner wie Dominikaner kannten keine selbstständigen Klöster, alle Ordensniederlassungen bildeten einen Personalverbund. Auch legten Angehörige der Bettelorden das Gelübde ausschließlich auf den Orden, nicht auf ein einzelnes Kloster ab. Und anders als die Benediktiner oder Zisterzienser, die strenge Klausur verlangten und nach dem Ablegen der Gelübde an ihr Kloster gebunden waren (*stabilitas loci*), gingen die Angehörigen der Bettelorden öffentlichen Tätigkeiten nach, betrieben Seelsorge, waren als Missionare unterwegs oder lehrten an Universitäten. Auch unterschieden sich die Bettelorden durch ihre demokratischen Verfassungselemente deutlich von den alten Klöstern, die dem Abt die Führung der Mönche zugestanden. An die Spitze ihrer Personalverbände setzten die Bettelorden Minister (lat., »Diener«), die aus der Gruppe der Ordensbrüder oder -schwestern demokratisch gewählt wurden.

Doch auch innerhalb der Bettelorden gab es Unterschiede. War das wichtigste Anliegen für Franziskus und seine Brüder die Seelsorge, so stand im Mittelpunkt der dominikanischen Arbeit die Bekehrung von Andersgläubigen und Ketzern.

Birgitten

Birgitta von Schweden (1303–1373) war eine der großen Frauengestalten des Mittelalters. Die Mutter von vier Söhnen und vier Töchtern stammte aus adeliger Familie und verfügte als Hofmeisterin am Hof König Magnus Erikssons über großen Einfluss. Gemeinsam mit ihrem Gemahl Ulf Gudmarsson pilgerte sie nach Santiago de Compostela, was ihrem Leben eine grundlegende Wende bescherte: Ulf Gudmarsson zog sich in ein Zisterzienserkloster zurück, seine Frau unterzog sich strengen Bußübungen, hatte erste Visionen und gründete mit Unterstützung von Magnus Eriksson 1346 ein Kloster. Der König stellte ihr dafür den Königshof Vadstena am Vätternsee zur Verfügung, der Keimzelle eines neuen Ordens werden sollte.

Birgittas Ziel war ein vollkommenes Ordensleben in der Nachfolge Christi und Mariens in strenger Abgeschiedenheit. Sie selbst zog – getrieben von neuen Visionen – nach dem Tod des Ehemannes 1349 nach Rom, wo sie die letzten 24 Jahre ihres Lebens verbrachte. Immer wieder prangerte sie das sündhafte Leben des Adels und des Klerus an, kämpfte für die Reform der Kirche und setzte sich voller Engagement für die Rückkehr des Papstes aus Avignon ein. Birgitta wurde zur einflussreichen Mystikerin und sah sich selbst als Werkzeug Gottes zur sittlichen und religiösen Erneuerung der Christenheit.

Der Orden der Birgitten wurde 1378 – fünf Jahre nach dem Tod Birgittas – von Papst Urban VI. bestätigt. In Vadstena lebten fortan 60 Nonnen und im angegliederten Konvent des Doppelklosters 13 Mönchspriester, vier Diakone und acht Laienbrüder, die die geistliche Betreuung der Schwestern gewährleisteten. Die Gemeinschaft symbolisierte als Klosterfamilie die Urgemeinde mit den 13 Aposteln (Paulus eingeschlossen) und den 72 Jüngern, die Christus zur Verkündigung des Evangeliums ausgesandt hatte. Die geistliche Leitung hatte ein Beichtvater inne, die Oberhoheit über das Kloster jedoch die Äbtissin.

Nach dem Tod der Ordensgründerin wurden die Ge-

Statue der hl. Birgitta im Kloster Altomünster, dem einzigen Birgitten- kloster im deutsch- sprachigen Raum.

beine Birgittas nach Vadstena überführt, was den Ausbau des Klosters rasch vorantrieb. Es wurde zum Modell für weitere Klostergründungen und schnell verbreitete sich der neue Orden in ganz Europa. Insgesamt umfasste er im Mittelalter 27 Klöster – darunter
Kloster Paradiso bei Florenz, Mariental bei Reval, Mari-
enkron bei Stralsund und Marienbrunn in Danzig. Im
16. Jahrhundert erlebte er jedoch gerade in seiner nor-
dischen Heimat durch die Reformation einen starken
Einbruch. Als einziges Birgittenkloster in Deutschland
besteht bis heute das 1488 gegründete Kloster Altomünster bei Dachau in Oberbayern, seit 2002 außerdem ein Kloster der internationalen Birgitta-Schwes-
tern. Vadstena selbst, das Ursprungskloster, wurde wiederbelebt und ist seit 1991 wieder selbstständige Abtei
– allerdings wie auch die anderen rund 50 Birgitten-
klöster weltweit – ausschließlich als Nonnenkloster.

Chorherren (Kanoniker) und Chorfrauen (Kanonissen)

Schon seit dem 4. Jahrhundert hatte es an Bischofskir-
chen Gemeinschaften von Geistlichen gegeben, die
dem Bischof zur Seite standen, wenn es um die Ausbildung der Kleriker, den Gottesdienst in der Kathedrale
und die Verwaltung des Bistums ging. Sie unterstan-

Das Chorgestühl der Kathedrale von Plasencia (Spanien).

den – anders als die Mönche, die einem Klosterabt Gehorsam schuldeten – dem Bischof direkt und wurden als Kanoniker bezeichnet. Diese Chorherrengemeinschaften entwickelten sich im Rahmen von Reformen während des 11./12. Jahrhunderts zu Domkapiteln. Die Mitglieder entstammten fast alle dem Adel und ihr wichtigstes Recht war die Bischofswahl. Neben den Domkapiteln gab es an anderen bedeutenden Kirchen Kollegiatskapitel. Wie die Mitglieder des Domkapitels besaßen diese Stiftskanoniker Privatbesitz, waren als Seelsorger oder im Schuldienst tätig. Das gemeinschaftliche Leben beschränkte sich in der Regel auf die Gottesdienste und Kapitelsitzungen in regelmäßigen Abständen. Die Chorherren wurden als Kanoniker bezeichnet, die zwar gemeinsam die Liturgie feierten und nach mönchischem Vorbild ein gemeinschaftliches Leben führten, aber im Gegensatz zu den Mönchen kein Gelübde ablegten und auch Privateigentum haben durften.

Im Rahmen der Klosterreform des 11. Jahrhunderts entwickelte sich die Idee, auch Stifte einer Regel zu unterwerfen und die Besitzlosigkeit wie in den Klöstern zu einem entscheidenden Kriterium zu machen. Aus diesem Gedanken heraus entstanden die Chorherrenstifte, organisiert nach der Regel des hl. Augustinus. Die Chorherren legten feierliche Gelübde des Gehorsams, der Armut und der Ehelosigkeit nach dem Vorbild der Mönche ab. Es war zu einer »Regulierung« gekommen und die Mitglieder der neuen Stifte wurden regulierte Chorherren bzw. Regularkanoniker genannt. Dazu zählte man die Augustiner-Chorherren (s. S. 110 f.) und Prämonstratenser (s. S. 153 ff.).

Frauen, die in einer Gemeinschaft nach strengen christlichen Vorschriften zusammenlebten mit einer Äbtissin an der Spitze, aber kein Gelübde ablegten, nannte man Kanonissen. Kontakt mit Männern war ihnen untersagt, sie mussten am gemeinsamen Gottesdienst teilnehmen und beschäftigten sich mit Handarbeiten. Wie die Chorherren durften sie über Privatbesitz und eine private Wohnung mit eigenem Dienstpersonal verfügen.

Nach der Kanonikerreform unterwarfen sich auch einige Damenstifte der Augustinusregel und verzichteten fortan auf Besitz. Andere Kanonissenstifte wurden zu Versorgungsanstalten für Mädchen aus adeligem Hause. Die Kanonissen waren keinesfalls an das Stift gebunden und konnten es wegen Heirat jederzeit verlassen. In den Wirren der Reformationszeit wurden die meisten Damenstifte in Deutschland aufgehoben, andere wurden in evangelische Stifte umgewandelt – wie Kloster Wienhausen bei Celle – oder während der Säkularisation geschlossen.

Deutscher Orden

Fast ein Jahrhundert später als die anderen beiden Ritterorden (s. S. 156 ff.) bildete sich während des dritten Kreuzzugs der Orden der Brüder vom Hospital der heiligen Maria der Deutschen, der kurz »Deutscher Orden« genannt wurde. Zur Betreuung der Kranken hatten Lübecker und Bremer Bürger 1189/90 eine Hospitalbruderschaft gegründet. Der ursprüngliche Krankenpflegeorden wurde im März 1198 in einen geistlichen Ritterorden umgewandelt, der seinen Sitz in der Hafenstadt Akko im Heiligen Land hatte, und bald vom Papst anerkannt wurde. Man orientierte sich an den erfolgreichen Vorbildern und griff für den Kriegsdienst auf die Regel der Templer zurück, für den Hospitaldienst auf die Johanniterregel. An der Spitze des Ordens stand ein Hochmeister, die Ordensbrüder gliederten sich – wie in den anderen Ritterorden – in drei Klassen: Ritter, Priester und dienende Brüder.

Die Staufer, besonders Staufer-Kaiser Friedrich II. (1215–1250), der auch König von Jerusalem war, förderten den Deutschen Orden, der einen raschen Aufschwung erfuhr. Schon bevor die Muslime im Heiligen Land die Oberhand gewonnen und die Ritterorden ihrer Aufgabe dort beraubt hatten, hatte sich der Deutsche Orden in noch nicht christianisierten Regionen Europas engagiert. Einige Jahre hatten die Ritter des Deutschen Ordens – allerdings wenig erfolgreich – in Siebenbürgen gewirkt, bis ein polnischer Herzog um Unterstützung im Ostseeraum bat. Anschließend ließ sich Ordenshochmeister Hermann von Salza vom deutschen Kaiser Friedrich II. und vom Papst garantieren, dass nach der Unterwerfung und Missionierung des Baltikums das eroberte Land an den Orden falle. Tatsächlich unterwarfen die Deutschen Ritter die heidnischen Pruzzen, aus denen die christlichen Preußen wurden, und bald herrschte der Orden über ein riesiges Gebiet, zu dem neben Preußen auch die späteren baltischen Staaten gehörten. Die Ordensritter förderten die Besiedlung des Landes, errichteten Ordensburgen, in deren Schutz sich Städte entwickelten. Mit der mächtigen Marienburg an der Nogat entstand ein prächtiger Ordenssitz. Preußen, zuvor ein Entwicklungsland am Rande der abendländischen Welt, avancierte durch den Deutschen Orden zur neuen Wirtschaftsmacht im Ostseeraum.

Mit der Reformation änderte sich alles: Der Ordensstaat wurde in das evangelisch-lutherische Herzogtum Preußen umgewandelt und der Sitz des Ordens wanderte südwärts nach Mergentheim. Im Kampf gegen die Türken bewies der Orden nochmals seine militärische Schlagkraft, von seiner im Zeitalter des Barock ungebrochenen wirtschaftlichen und kulturellen Kraft

Die Marienburg in Malbork, ehemaliger Sitz des Deutschen Ordens.

künden Schlösser wie Mergentheim, Ellingen, Altshausen und ein Schloss auf der Insel Mainau im Bodensee. Die Säkularisierung des Ordens im frühen 19. Jahrhundert betraf seine Besitzungen gleichermaßen wie seine Mitglieder. Da der materielle und personelle Schwerpunkt des Ordens von den Kreuzzügen bis zur Reformation im Baltikum gelegen hatte, verblieb nur ein kleinerer Teil des Ordens im Deutschen Reich, der 1809 schließlich säkularisiert wurde. Erst 1834 war der Orden als Deutscher Ritterorden wieder offiziell zugelassen, aber die meisten Güter blieben in weltlichem Besitz. 1929 wurde der Orden in einen rein geistlichen Orden umgewandelt und erhielt den Namen Deutscher Orden.

Der Wiederaufbau nach dem Zweiten Weltkrieg gestaltete sich schwierig. Nur in Österreich wurde das nationalsozialistische Aufhebungsdekret 1947 annulliert und das Vermögen dem Orden zurückgegeben. Der Hochmeister residiert in Wien und der Orden widmet sich hauptsächlich – wie in seinen Anfängen – der Armenfürsorge. Auch ein protestantischer Zweig des Ordens besteht bis heute.

Dominikanermönche im Refektorium, von Engeln bedient, in der Mitte der hl. Dominikus.

Dominikaner

Der hl. Dominikus wurde um 1173 in Caleruega (Spanien) geboren, lebte also ungefähr zur gleichen Zeit wie der Gründer des Franziskanerordens, des zweiten großen Bettelordens. Anders als der Kaufmannssohn Franziskus war Dominikus jedoch der Spross einer Adelsfamilie. Er wurde zum Priester geweiht und trat als Kanoniker (s. S. 123 ff.) in das Domkapitel von Osma ein. Vom eintönigen Ordensleben gelangweilt, ließ er sich auf Missionsreise schicken und predigte vor den Anhängern der Häretikergruppen in Südfrankreich. Von Misserfolgen ließ er sich nicht entmutigen, fand 1215 in Toulouse erste Anhänger und gründete die Gemeinschaft der Predigerbrüder. Die Gründung neuer Orden war kurz zuvor verboten worden, deshalb entschloss sich Dominikus, für seinen »Predigerorden« die Kanonikerregel des Augustinus zu übernehmen. Kein Wunder – Dominikus selbst war Kanoniker und fand in der Regel sein Ziel, ein mönchisches Leben zu führen und gleichzeitig Seelsorge zu betreiben – bestätigt.

Schon bald ging Dominikus auf Expansionskurs, gründete Klöster in Italien, sandte Brüder zum Predigen in entlegene Regionen von Grönland bis in die Mongolei. Von Anfang an lag ihm jedoch auch die Bildung seiner Mitbrüder am Herzen und er entsandte einige an die noch jungen Universitäten von Paris und Bologna. Schnell entwickelte sich ein blühender Orden, der auf zahlreiche Gelehrte in seinen Reihen verweisen konnte, darunter Albertus Magnus und Thomas von Aquin. Nicht zuletzt wegen der intellektuellen Brillanz seiner Mitglieder wurde der Orden 1231 von der römischen Kurie mit der Leitung der Inquisition beauftragt. Der Volksmund nannte sie bald – einem Wortspiel folgend – *domini canes* (»Spürhunde des Herrn«), weil sie die Ungläubigen verfolgten und zu bekehren versuchten. Das Amt des päpstlichen Theologen, 1218 vom Papst eigens für Dominikus geschaffen, blieb stets einem Ordensmitglied vorbehalten. Als Dominikus 1221 in Bologna starb, konnte er stolz auf 25 Dominikaner-Konvente verweisen. 1234 wurde er heilig gesprochen.

In Deutschland gibt es heute elf Klöster der Dominikaner und siebzehn Dominikanerinnenklöster, zu den traditionsreichsten zählen das 1257 gegründete Kloster Zoffingen in Konstanz am Bodensee und Kloster Heilig Kreuz in Regensburg, das bereits 1246 gegründet wurde.

Dritte Orden

Einige Orden kennen neben den Ersten Orden (den männlichen Zweigen) und den Zweiten Orden (den weiblichen Zweigen) auch Zusammenschlüsse frommer Laien beiderlei Geschlechts, die als Dritte Orden oder Tertiaren bezeichnet werden. Wem eheliche Bindungen oder Ämter nicht gestatteten, das Gelübde abzulegen und sich ganz dem Leben hinter Klostermauern zu widmen, konnte in einem Dritten Orden seine Glaubensideale verwirklichen. Am bekanntesten wurde der Dritte Orden der Franziskaner. Teilweise leben seine Mitglieder in klosterähnlichen Gemeinschaften nach milderen Regeln, teilweise führen sie ein weltliches Leben, sind als Erzieher oder in der Krankenpflege tätig und in Gemeinschaften (Bruderschaften) organisiert.

Elisabeth von Thüringen, Namensgeberin für den Orden der Elisabethinen.

Elisabeth von Thüringen
Die hl. Elisabeth war auch Namensgeberin für den Orden der Elisabethinen (Ordo Sorores Hospitalariae Sanctae Elisabethae T. O. S. Francisci), einen katholischer Frauenorden, der sich der Krankenpflege widmet und zur großen Familie der Franziskaner-Tertiaren gehört. Nach dem Kreuzfahrertod ihres Mannes blieb Elisabeth (1207–1231), die zwanzigjährige Tochter des ungarischen Königs und Landgräfin von Thüringen, mit drei Kindern allein zurück. Sie beschloss, in die Fußstapfen des Franz von Assisi zu treten und widmete ihr Leben der Buße und dem Dienst an Armen und Kranken. In ihrem höfischen Umfeld stieß sie auf Ablehnung und Unverständnis, dennoch trat sie aufopferungsvoll für die Ärmsten der Gesellschaft ein und gründete mehrere Kranken- und Altenhäuser. Bereits wenige Jahre nach ihrem Tod wurde sie von Papst Gregor XI. heilig gesprochen. Elisabeth ist Patronin von Thüringen und Hessen, des Deutschen Ordens, der Caritasvereinigungen, der Witwen und Waisen, der Bettler, der Kranken, der unschuldig Verfolgten, der Notleidenden sowie der Bäcker und der Spitzenklöpplerinnen.

Englische Fräulein (Congregatio Jesu)

Maria Ward (1585–1645), eine ebenso fromme wie begabte und durchsetzungsfähige junge Frau aus britischem Landadel, war wegen der Katholikenverfolgungen in England der Weg ins Kloster verwehrt. Deshalb trat sie 1606 in ein Kloster der Klarissen (s. S. 150 ff.) in Flandern ein. Wenige Jahre später gründete sie mit gleich gesinnten Frauen eine Vereinigung nach dem Vorbild der Jesuiten. Ziel war es, einen weiblichen Zweig der Gesellschaft Jesu zu schaffen. Mit Unterstützung geistlicher und weltlicher Würdenträger konnte sie mehrere Häuser zwischen Flandern und Neapel gründen– in Deutschland in Köln, Trier und München. Angetrieben wurde sie von dem Wunsch, einen Beitrag zur Gegenreformation zu leisten und jungen Mädchen eine christliche Erziehung zu gewähren.

Die Enttäuschung war groß, als ihr die päpstliche Bestätigung verwehrt blieb. Zu kühn erschienen ihre Forderungen: Maria Ward wünschte sich die direkte Unterstellung ihres Ordens unter den Papst und Klausurfreiheit, um auch außerhalb der Klostermauern wirken zu können. So viel Freiheit wollten die Männer Gottes den Ordensfrauen nicht zugestehen und Maria beklagte sich bitter: »Es gibt keinen Unterschied zwischen Männern und Frauen. ... Ich bete zu Gott, dass man in Zukunft Frauen sehen wird, die Großes vollbringen.« Sie kämpfte darum, dass Frauen Religionsunterricht erteilen und im sozialen Bereich tätig sein konnten.

Nach langjährigen zähen Verhandlungen fand sie Fürsprecher in Rom, wurde aber dennoch von der Inquisition der Häresie verdächtigt, der Rebellion und des Aufruhrs angeklagt und zeitweilig in Klosterhaft gehalten. Vor allem in München wurde sie derweil vom Kurfürstenpaar unterstützt und auch der Papst bewunderte durchaus den Mut und die Klugheit der Maria Ward. Sie starb 1645 in ihrer englischen Heimat, lebte aber fort als Wegbereiterin einer neuen Frauenkongregation.

Trotz vieler Schwierigkeiten unterrichteten die Englischen Fräulein weiter und 1703 wurde endlich von Papst Clemens XI. ihre Ordensregel bestätigt, die im Wesentlichen auf Maria Ward zurückging.

Maria Ward gründete 1609 nach dem Vorbild der Jesuiten einen Frauenorden in St. Omer.

Erst 1909 aber wurde die engagierte Engländerin als Stifterin anerkannt, 1978 erhielten die Englischen Fräulein die Erlaubnis, nach der Regel des hl. Ignatius von Loyola zu leben, und seit dem 1. Mai 2004 dürfen sie sich offiziell Congregatio Jesu nennen.

Das 1627 in München gegründete Institut der Englischen Fräulein wurde nach der Säkularisation wieder etabliert und fand seinen Sitz im einstigen Kloster der Augustiner-Chorfrauen in Nymphenburg.

Denkt man an die Reformation mit der Kritik Martin Luthers und anderer an den Klöstern und die Auflösung von Orden und Klöstern in reformierten Gebieten, so fällt es schwer, sich vorzustellen, dass es im 20. Jahrhundert zu einer breiten Welle von evangelischen Klostergründungen kam. Vorläufer dieser noch jungen Bewegung waren die Herrnhuter Brüder im 18. Jahrhundert und die Diakonengemeinschaften und Diakonissenhäuser, die im 19. Jahrhundert die sozialen Probleme der jungen Industriegesellschaft durch »Innere Mission« auffangen sollten. In Hamburg gründete Johann Heinrich Wichern ein Waisenhaus, 1844 entwickelte sich aus der Gruppe seiner Helfer eine diakonische Brüderschaft. 1858 verfasste Wichern für sie die »Ordnungen der Brüderschaft«, die die Mitglieder zum verbindlichen geistlichen Leben verpflichtete. Für Frauen führte

Diakonissen nach dem sonntäglichen Gottesdienst vor der Kirche der Evangelisch Lutherischen Diakonissenanstalt in Dresden.

schon 1837 Pastor Theodor Fliedner nach Kontakten mit der niederländischen Mennonitenbewegung das Amt der Diakonisse ein. Er gründete in Kaiserswerth bei Düsseldorf das erste Diakonissenhaus. In diese Häuser kamen und kommen junge, unverheiratete Frauen, um den Beruf der Diakonisse zu erlernen. Danach arbeiten sie im Dienst der Gemeinde und der Kranken in Hospitälern, Altenheimen, Kindergärten, Horten oder Kinderheimen. In Neuendettelsau in Mittelfranken gründete Wilhelm Löhe 1854 ein weiteres Diakonissenhaus. Dies war für die bitter arme Nürnberger Landbevölkerung eine große Erleichterung. Seit der Auflösung der Klöster und ihrer Schulen durch die Säkularisation 1803 fehlte es an Möglichkeiten, Mädchen in die Schule zu schicken. Die Diakonissen forderten bald von Wilhelm Löhe eine feste Ordnung, die er auch für sie verfasste. Grundlage waren die uralten Fundamente mönchischen Lebens, die sogenannten Evangelischen Räte: Armut, Ehelosigkeit und Gehorsam. Trotz der Regeln legten Diakone und Diakonissen keine ewigen Gelübde ab, obwohl sie sich de facto meist auf Lebenszeit an die Gemeinschaft banden.

Es gab in der evangelischen Kirche weiterhin starke Ressentiments gegenüber dem echten Ordensleben, da immer noch die Luther'sche Kritik am Klosterwesen im Raume stand. Zentral war hierbei die Unvereinbarkeit der Rechtfertigungslehre mit den Klostergelübden. Die Mönche und Nonnen des Mittelalters hatten nach dem Ablegen ihres Gelübdes aus der Sicht der katholischen Kirche einen Stand der Vollkommenheit erreicht, der sie über die anderen Christen hinaushob. Dies war aus Sicht der Reformatoren ein Widerspruch zur Rechtfertigungslehre, die – abgeleitet aus dem Römerbrief des Paulus – besagt, dass Vergebung der Sünden und Gerechtigkeit vor Gott nicht durch gute Werke und ein gottgefälliges Leben, sondern allein durch die Gnade Gottes und das Opfer Christi am Kreuz erlangt werden.

In der ersten Hälfte des 20. Jahrhunderts setzte sich die Theologie tiefer mit dem Klostergedanken auseinander. Die spirituellen Anliegen des Mönchtums wurden auch von evangelischen Theologen anerkannt, die mittelalterliche Interpretation der Gelübde als moralische Heraushebung der Mönche und Nonnen als Teil der Kirchengeschichte abgewertet. Die Grundideen des Mönchs- und Ordenswesens hingegen sind viel älter und werden immer mehr auch von evangelischen Christen als Weg der völligen Hingabe an Jesus Christus und als Leben nach dem Vorbild der Urkirche anerkannt. Die liturgische Erneuerungsbewegung tat ein Übriges, für Spiritualität nun auch im evangelischen Gottesdienst einen Platz zu schaffen.

Kommunitäten sind geistliche Gemeinschaften, in denen evangelische Christen nach verbindlichen Ordnungen zusammenleben. Sie haben sich freiwillig zur Annahme der Evangelischen Räte Gütergemeinschaft (eine weitere Fassung der »Armut« als Teilung materieller und immaterieller Güter), Keuschheit und Gehorsam verpflichtet.

Die echte evangelische Klosterbewegung ist inzwischen rund 50 Jahre alt. Nach über 400-jähriger protestantischer Klosterverdrossenheit entstanden kurz nach dem Zweiten Weltkrieg an mehreren Orten in Deutschland klosterartige evangelische Gemeinschaften. Eine der ersten und heute die größte Gemeinschaft ist die Evangelische Marienschwesternschaft Darmstadt, die 1947 von der Psychologin Klara Schlink (später Mater Basilea Schlink) gegründet wurde. Heute leben im Kloster Kanaan etwa 200

Schwestern und einige Brüder. Die Marienschwestern engagierten sich von Anfang an stark in der Ökumene, aber auch im Bereich des jüdisch-christlichen Dialogs.

1949 wurde die Communität Christusbruderschaft in Selbitz nahe Hof von einem jungen Pfarrersehepaar gegründet. Ihr gehören heute etwa 120 Schwestern und wenige Brüder an. Sie wurde inzwischen von der Bayerischen Landeskirche als »Kompetenzzentrum für Spiritualität« anerkannt und hat mehrere Außenstellen in ganz Deutschland.

1950 begann das monastische Leben der Communität Casteller Ring, zunächst noch in Castell am Fuße des Schwanberges nahe Würzburg, seit 1957 hat er seinen Sitz auf der Höhe im Schloss Schwanberg selbst. Die Schwestern entstammten einer christlichen Pfadfindergruppe und schufen bis 1958 ihre Regel in Anlehnung an die uralte Benediktinerregel. Ökumene wird deshalb auch auf dem Schwanberg ganz großgeschrieben. Heute leben dort etwa 40 Schwestern, zudem gibt es eine Außenstelle in Erfurt im ehemaligen Augustinerkloster.

Die Kommunitäten können unterschiedlich zusammengesetzt sein. Meist handelt es sich um reine Schwestern- oder Brüdergruppen, die nach den traditionellen Mönchsprinzipien Armut (im Sinne von Gütergemeinschaft), Keuschheit und Gehorsam nach einer

mehrjährigen Probezeit ihre Gelübde ablegen und sich lebenslänglich an den Orden binden. Manche Kommunitäten kennen aber auch andere Organisationsformen. Die 1961 gegründete Jesus-Bruderschaft in Gnadenthal im Taunus bewohnt die renovierten Gebäude eines ehemaligen Zisterzienserinnenklosters. Dort leben heute etwa 150 Menschen, Brüder, Schwestern und Familien. Dabei leben die Brüder und Schwestern ehelos, die übrigen als christliche Großfamilie.

Die Mitglieder der evangelischen Klöster führen wie die katholischen Mönche und Nonnen ein Alltagsleben ganz im Dienste des *opus dei*, des Gotteslobes: Drei oder vier gemeinsame Stundengebete strukturieren den Tag und werden ergänzt von mehrmals wöchentlich gefeierten Gottesdiensten mit Abendmahl. Ordensgewand, Prozessionen, Kreuzzeichen, Verneigung, Ikonen, Weihrauch, Gebetslichter und Einzelbeichte erinnern an katholische Gemeinschaften, tatsächlich wird die Ökumene hier ganz besonders weit gefasst. Zum täglichen Gebet gehört in den meisten Kommunitäten deshalb auch die Bitte nach der Einheit der Kirche. Neben dem Gebet steht das gemeinsame Leben und Arbeiten. Eine zentrale Aufgabe der meisten Gemeinschaften ist die Beherbergung von Gästen und das reichhaltige Angebot an spirituellen Seminaren.

Heute gibt es in Deutschland etwa

Die Gemeinschaft von Taizé in Burgund

Die internationale ökumenische Gemeinschaft geht zurück auf den Schweizer Roger Schutz (1915–2005), Sohn eines protestantischen Pastors und einer französischen Mutter. Nach dem Studium der evangelischen Theologie kam Frère Roger, wie er sich bald nannte, 1940 in den kleinen Ort Taizé im südlichen Burgund, um dort eine Brüdergemeinschaft zu gründen, die in der Nachfolge Christi leben sollte. Während des Krieges versteckte er Flüchtlinge, auch Juden. 1949 sprach er mit einer kleinen Gruppe von Brüdern die ewigen Gelübde und schwor lebenslange Ehelosigkeit, Gütergemeinschaft und ein einfaches Leben, dessen Unterhalt nur durch eigene Arbeit, nicht durch Spenden erbracht werden darf.

Roger Schutz, Gründer und Prior der ökumenischen Bruderschaft von Taizé (†2005).

Da die Gemeinschaft ökumenisch ist und zum Ziel hat, an der Versöhnung der gespaltenen Christenheit mitzuwirken, kommen die Brüder aus katholischen und protestantischen Familien. Von den 100 Mitgliedern leben heute etwa 25 Prozent in Elendsvierteln der Dritten Welt und leisten dort aktive Nächstenliebe. Die Gemeinschaft wurde bald so populär, dass berühmte Besucher in Taizé einkehrten: Papst Johannes Paul II. ebenso wie der Erzbischof von Canterbury, orthodoxe Metropoliten und reformierte Bischöfe.

Bekannt ist Taizé seit 1966 vor allem für seine internationalen Jugendtreffen, die jeweils eine Woche dauern und pro Jahr rund 200 000 Menschen anlocken. Den Tagesablauf strukturieren die gemeinsamen Gebete morgens, mittags und abends. Dazwischen werden Gesprächs- und Arbeitsgruppen sowie Bibeleinführungen angeboten, die vielen Jugendlichen kirchliche Arbeit in einer neuen Sicht präsentieren.

Am 16. August 2005 wurde Frère Roger im Alter von 90 Jahren während des Abendgebetes von einer Besucherin ermordet. Seither führt der deutsche Katholik Frère Alois die Gemeinschaft.

120 Kommunitäten, die sich der evangelischen Kirche zugehörig fühlen, davon führen etwa 40 ein ordensähnliches Leben in Gütergemeinschaft, lebenslanger Ehelosigkeit und mit Gelübde. Nach starkem Wachstum in der Gründungszeit und den 1960er und 1970er Jahren stagniert die Mitgliederzahl der Gemeinschaften heute, in manchen ist sie auch rückläufig. Im Trend liegt jedoch derzeit wie in vielen katholischen Orden ein Klosterleben auf Zeit.

Einmal geschah es, dass ein Bruder ein Wort der Schmähung gegen einen armen Mann äußerte, der um Almosen gefragt hatte, indem er sagte: »Sieh, vielleicht bist du ein reicher Mann und gibst nur vor, arm zu sein.« Als er dies hörte, wurde der Vater der Armen, der heilige Franziskus, sehr betrübt. Er wies den Bruder, der solches gesagt hatte, zurecht und befahl ihm, sich vor dem armen Mann zu entkleiden und ihn, indem er seine Füße küsste, um Verzeihung zu bitten. Denn er pflegte zu sagen: »Wer einen Armen verflucht, verletzt Christus, dessen edles Abbild er ist, das Abbild dessen, der sich für uns in dieser Welt arm gemacht hat.« Wenn er daher einen Armen traf, der davon zu Boden gedrückt wurde, dass er Holz oder etwas anderes trug, bot er ihm oft, obwohl sie sehr schwach waren, seine eigenen Schultern zur Hilfe an.
Aus: Thomas von Celano, Das erste Leben des heiligen Franziskus

Franziskaner

Der Orden der Minderen Brüder oder Franziskaner, gegründet von Franziskus von Assisi (1181/82–1226), ist der bekannteste der sogenannten Bettelorden. Er brach mit der Tradition der alten Orden radikal. Kein Wunder – die Zeiten hatten sich geändert, die Welt des Hochmittelalters war aus den Fugen geraten. Das alte Feudalsystem war überholt und mit dem Aufstieg der Städte hatte sich die neue Gesellschaftsschicht des Bürgertums gebildet, doch mit einem flexibleren Gesellschaftssystem hatte sich nicht unbedingt die Moral gebessert. Ein Heer von Armen bevölkerte die Städte, während die Kirchenfürsten prunkvoll lebten und auch in den Klöstern das Armutsideal in Vergessenheit geraten war.

Zu dieser Zeit lebte der hl. Franziskus (s. S. 48), selbst ein Vertreter des Bürgertums, und zog aus, die Kirche zu reformieren. Er war nicht der einzige Kirchenreformer seiner Zeit, aber wohl der erfolgreichste, weil er Veränderungen nicht gegen die Kirche, sondern auf dem Boden der katholischen Kirche durchsetzen wollte.

Als Sohn eines reichen Kaufmanns hatte Franziskus die Verführungen des Geldes selbst gekostet und keine Vergnügung ausgelassen. Im Alter von 25 Jahren änderte er jedoch sein Leben radikal, ersetzte seine feinen Tuche durch Lumpen und drehte dem Elternhaus den Rücken zu, um die Nachfolge Christi anzutreten. Als volksnaher Prediger scharte er bald eine stattliche Anzahl von Anhängern um sich und durchstreifte von seiner Heimatstadt Assisi in Umbrien aus ganz Italien und andere Teile der damals bekannten Welt. Männer aus allen Schichten folgten ihm – Kaufleute genauso wie Ritter oder einfache Bauern. Standesunterschiede wurden aufgehoben, die Männer mussten nur bereit sein, ihre Familien zu verlassen und ihr Hab und Gut zu verschenken.

Die Gemeinschaft verbrachte das Leben mit Gebet und Meditation in der Einsamkeit, brach aber auch immer wieder auf, um zu predigen. Ihren Unterhalt erwirtschafteten die Mönche durch körperliche Arbeit, die Franziskus mehr schätzte als das Studium: »Und ich arbeitete mit meinen Händen und will arbeiten; und es ist mein fester Wille, dass alle anderen Brüder eine Handarbeit verrichten, die ehrbar ist. Die es nicht können, sollen es lernen«. Das legte Franz von Assisi seinen Brüdern in seinem Testament ans Herz. Einen Orden nach alter Tradition wollte Franziskus nicht gründen, dennoch gab er der Gemeinschaft eine einfache Regel, die in ihrer Urform mehr oder weniger eine Aneinanderreihung von Bibeltexten war.

1209 zog er nach Rom, um die Regel vom Papst bestätigen zu lassen. Obwohl Franziskus im Bettelgewand und Innozenz III. im prunkvollen Ornat wenig gemeinsam hatten, war Franz erfolgreich: Er erreichte die Bestätigung seiner Regel und erhielt – obwohl kein Priester – von oberster Stelle die Erlaubnis zu predigen.

Der hl. Franziskus erscheint den Brüdern, Fresko von Giotto in San Francesco, Assisi, um 1295–1300.

Nachdem aus der kleinen Bruderschaft eine gewaltige Bewegung geworden war, galt es, diese zu organisieren und ihr eine Struktur zu geben. So wurde sie in regionale Provinzen aufgeteilt und an die Spitze seiner Bruderschaft stellte Franziskus Männer, die aus der Mitte der Gemeinschaft heraus demokratisch gewählt werden.

Bald schon entwickelte sich ein weibliches Pendant zu den Franziskanern: der Orden der Klarissen (s. S. 150), der von Klara von Assisi, einer engen Vertrauten Franziskus', ins Leben gerufen wurde. Der Gründer

Dem brasilianischen Reformtheologen Leonardo Boff wurde 1985 vom Vatikan ein einjähriges Bußschweigen auferlegt.

selbst zog sich von der Ordensleitung zurück, um seinem spirituellen Weg zu folgen. Predigend und missionierend zog er bis nach Afrika – wo er allerdings an der Missionierung der Sarazenen scheiterte.

Die radikale Forderung nach Besitzlosigkeit gab immer wieder Anlass zu Konflikten. Waren die Brüder anfangs immer wieder in die Welt hinausgezogen, wurden sie nach und nach sesshaft und lebten schließlich in klosterähnlichen Gemeinschaften. Die Bedeutung der handwerklichen Arbeit nahm ab. Die Kleriker widmeten sich mehr und mehr geistiger Arbeit. Um den Unterhalt des Ordens zu sichern, wurde das Betteln, das Franziskus nie gefördert hatte, in der endgültigen Ordensregel verankert.

Auch nach dem Tod des Franziskus wuchs der Orden. Zu Beginn des 14. Jahrhunderts gibt es in Italien, Frankreich und Deutschland zusammen rund 1000 Männer- und 200 Frauenklöster. Die Moral allerdings begann zu sinken und Reformen wurden nötig. Besonders an der Armutsfrage schieden sich die Geister, was schließlich zur Abspaltung der konservativen Observanten von den weniger strengen Konventualen führte. Als Reformorden entstand im frühen 16. Jahrhundert, zur Zeit der Gegenreformation, eine Gemeinschaft, die an die Strenge der Anfangszeit anknüpfte. Bart und Kapuzenkutte sollten an die Ursprünge der Franziskaner erinnern und letztere verlieh den Reformern ihren

Namen: Kapuziner (s. S. 145). Vergleicht man die Regel der Franziskaner mit der Benediktinerregel, so ist das Armutsgebot deutlich enger gefasst und gilt nicht nur für den einzelnen Mönch, sondern auch für das Kloster. Fastenregeln sind dafür weniger straff. Sind die Benediktiner an einen Ort gebunden (*stabilitas loci*), so sah die Franziskanerregel den Dienst an der Welt – Predigt und auch Mission – als Hauptaufgabe. Im Zeitalter der Entdeckungen waren die Franziskaner aktiv in die Missionierung in Übersee eingebunden. Kirchen und Klöster der Franziskaner im Kolonialstil findet man noch häufig in der Neuen Welt. Nicht zufällig trägt eine Stadt in Kalifornien – hervorgegangen aus einer Missionsstation – den Namen des Franziskus: San Francisco.

Die Botschaft des Heiligen ist aktuell wie eh und je. Auch heute noch verstehen sich die Nachfolger des hl. Franziskus als Anwälte der Armen, kümmern sich um Obdachlose und andere gesellschaftliche Randgruppen. Projekte gelebter Menschenliebe findet man gerade in den Zentren der Ballungsgebiete. Befreiungstheologen wie der Brasilianer Leonardo Boff sind Franziskaner. Natürlich ziehen die Franziskaner längst nicht mehr bettelnd von Haus zu Haus, sondern bestreiten ihren Lebensunterhalt hauptsächlich durch Pfarrseelsorge, für die sie entlohnt werden. Der Orden des hl. Franziskus zählt heute mit weltweit rund 18 000 Mitgliedern zu den mitgliederstärksten der katholischen Kirche. In Deutschland leben etwa 550 Franziskaner in mehr als 50 Niederlassungen, die sich auf vier Franziskanerprovinzen verteilen.

Heilig-Geist-Orden

Der Orden wurde von Guido von Montpellier um 1170 als Hospitalgemeinschaft gegründet und bald ergänzten weitere Hospitäler das Mutterkloster in Frankreich. Im 14. und 15. Jahrhundert hatte der Orden rund 750 Häuser, doch damit war der Höhepunkt der Ordensentwicklung bereits erreicht. Er verlor stetig an Bedeutung und wurde 1847 aufgelöst.

Hospitalorden (auch Hospitaliter)

Die Hospitalorden entstanden in Europa ab der Zeit der Kreuzzüge aus geistlichen Gemeinschaften an einzelnen Hospitälern. Neben den drei Mönchsgelübden legten die Mitglieder ein viertes ab – das der Krankenpflege und Armensorge. Meist lebten sie nach der Augustinerregel. Aus einigen der ehemaligen Hospitalorden, wie den Johannitern (s. S. 142 ff.) oder dem Deutschen Orden (s. S. 125 ff.), entwickelten sich nach und nach geistliche Ritterorden, weil das kämpferische Element die Oberhand gewann. Zu den wichtigsten klassischen Hospitalorden gehören Antoniter (s. S. 108 f.), der Heilig-Geist-Orden (s. S. 139) und die Barmherzigen Brüder (s. S. 113 f.).

Jesuiten

Der Orden mit dem offiziellen Namen »Societas Jesu« (abgekürzt SJ, »Gesellschaft Jesu«), geht auf Ignatius von Loyola (1491–1556) zurück. Der Sohn einer baskischen Adelsfamilie, der zunächst eine militärische Laufbahn eingeschlagen hatte, musste seine Soldatenkarriere nach einer schweren Verwundung im Alter von 30 Jahren beenden. Auf dem Krankenlager beschloss er ein neues Leben als Ritter Christi. Nach mehreren mystischen Erfahrungen und einer Pilgerreise ins Heilige Land nahm Ignatius ein Theologiestudium auf, das er 1534 in Paris abschloss. Im gleichen Jahr legte er zusammen mit einer Gruppe enger Gefährten das Gelübde von Armut und Keuschheit ab, das oft als Gründungsereignis des Jesuitenordens angesehen wird. Zur eigentlichen Ordensgründung kam es aber erst 1540, als der Papst die Gesellschaft Jesu und ihre Formula Instituti bestätigte.

Die Jesuiten, wie sie zunächst abwertend von ihren Gegnern, später aber auch von den Mitgliedern selber genannt wurden, unterscheiden sich deutlich von den Mönchen der alten christlichen Orden. Sie verzichten auf das eigentliche monastische Leben in der Klausur eines Klosters, feiern also kein gemeinsames Stundengebet oder festliche Gottesdienste und tragen auch keine Ordenskleidung. Sie leben wie Priester und sind ortsungebunden.

Die drei Hauptziele der Jesuiten sind ein Leben unter dem Oberhaupt Jesu Christi als seine Gefährten, die apostolische Sendung in der Nachfolge der Apostel mit Verbreitung und Verteidigung des Glaubens und der besondere Papstgehorsam.

Ignatius von Loyola wurde 1541 zum ersten Generaloberen des Ordens gewählt. Bis heute tragen die Leiter der Generalkongregation, der obersten Instanz der Jesuiten, diesen Titel. Ignatius war – ähnlich wie der berühmte Zisterziensermönch Bernhard von Clairvaux – ein Mann der Gegensätze. Er war ein brillanter Prediger, dem es gelang, Kontemplation mit weltlichem und sogar politischem Engagement zu verbinden. Zudem war Ignatius ein begnadeter Mystiker und hielt intensive geistliche Übungen, Exerzitien, ab. Der Jesuitenorden wuchs im ersten Jahrhundert seines Bestehens auf 16 000 Mitglieder an. Sie gründeten überall im katholischen Europa ihre Kollegien, die sich zu den gefragtesten Schulen für die Jugend entwickelten. Die Jesuiten wurden bald vom Papst mit der Führung der Gegenreformation beauftragt und erreichten schließlich die Rekatholisierung vieler protestantischer Gebiete. Besonders erfolgreich waren sie in Polen, das schon weitgehend protestantisch war, aber in den Schoß der katholischen Kirche zurückgeführt wurde. Auch in Japan, China, Indien und Südamerika waren Jesuiten missionarisch tätig. Ihr Ziel war die Anpassung des Christentums an die

Ignatius von Loyola überreicht dem Papst die Statuten seines Ordens.

einheimische Kultur. Dies war allerdings den europäischen Kolonialmächten bald ein Dorn im Auge, die ihre Machtausübung beeinträchtigt sahen. Da die Jesuiten immer eine starke Anbindung an das Papsttum betonten, wurden sie im 18. Jahrhundert in den Zeiten der Aufklärung häufig angegriffen. Man unterstellte ihnen Verschwörungen, zudem sahen sich die absolutistischen Herrscher nicht genügend von ihnen bestätigt, da sie die absolute Macht der weltlichen Fürsten über die Kirche nicht anerkannten. Diese Vorwürfe, aber auch ihre von den Kolonialmächten abweichende Missionsarbeit, führte zu Verboten und Vertreibungen der Jesuiten. Den Anfang machte Portugal 1759, es folgten Frankreich 1754, Spanien und Neapel 1767. Schließlich gelang es den bourbonischen Herrschern Frankreichs und Spaniens, den Papst soweit unter Druck zu setzen, dass er 1773 den Jesuitenorden auflöste.

1814 wurde der Orden wiederhergestellt, allerdings musste er im 19. Jahrhundert erneut Verbote in Spanien, Frankreich und Portugal erleben, 1847 in der Schweiz und 1872 im Deutschen Reich (1917 aufgehoben). Heute hat sich der Jesuitenorden erholt und zählt weltweit fast 20 000 Mitglieder. Sie betreiben Schulen und Universitäten, sind aktiv in der Pfarr- und Jugendarbeit, begleiten Exerzitien, engagieren sich in der Mission und in der Flüchtlingshilfe. 1965 erteilte Papst Paul VI. der Generalkongregation den Auftrag, sich in der Abwehr des Atheismus zu engagieren. Der Eintritt in den Orden ist nicht einfach, da er ein Theologiestudium und mindestens ein weiteres Studium voraussetzt.

Einen weiblichen Ordenszweig gibt es nicht, allerdings orientieren sich die Englischen Fräulein (s. S. 130 f.) an den Jesuiten.

Johanniter (Malteser)

1050 gründeten Kaufleute aus dem italienischen Amalfi ein Hospital für Palästinapilger in Jerusalem, das sie dem hl. Johannes dem Täufer weihten. Als die Kreuzfahrer 1099 Jerusalem eroberten, entwickelte sich aus dem Hospital eine Hospitalbruderschaft (s. S. 140) – ein Orden, dessen Aufgabe darin bestand, Pilger während ihres Aufenthalts in der Heiligen Stadt zu betreuen und Kranke zu pflegen. 2000 Kranke konnten gleichzeitig aufgenommen werden, die in mehreren Abteilungen behandelt wurden – sogar eine Gebärstation wurde eingerichtet. Ausgebildeten Ärzten standen Priester zur geistlichen Betreuung der Kranken zur Seite.

Das Kreuz mit den acht Spitzen ist Johannitern und Maltesern gemeinsam. Es verweist auf die acht Seligpreisungen der Bergpredigt. Als Erkennungszeichen trugen die Ritter ursprünglich einen schwarzen Umhang mit dem weißen Kreuz. Später war in Kriegszeiten ein roter Umhang üblich.

Im Laufe der Zeit änderte sich die Zusammensetzung der Mitglieder – mehr Adelige traten dem Orden bei, die Interesse an einer militärischen Ausrichtung des Ordens nach dem Vorbild der Templer hatten. Rund 100 Jahren nach der Gründung des ersten Hospitals wurde der Orden der Johanniter vom Papst bestätigt mit einer Ordensregel, die sich auf die Augustinerregel und auf die Regel der Templer gleichermaßen bezog. Zu Beginn des 13. Jahrhunderts waren die Johanniter bereits ein voll ausgebildeter Ritterorden und die Betreuung der Kranken rückte an die zweite Stelle. Der krankenpflegende Zweig wurde fortan von Brüdern aus niederen Gesellschaftsschichten besetzt, während adelige Mitglieder als Ritter die höheren Positionen innehatten. An der Spitze des Ordens stand ein Großmeister.

Der militärische Zweig des Ordens erhielt die Aufsicht über strategisch wichtige Burgen entlang der Kreuzfahrerwege. Begünstigt von Päpsten und Adel kamen die Johanniter zu Ruhm und Besitz – im Vorderen Orient, aber auch im Abendland. Beim Eintritt in den Orden legten die Ritter ein fünffaches Gelübde ab. Außer Keuschheit, Armut und Gehorsam schworen die neuen Ordensmitglieder Dienst an Armen und Kranken sowie Schutz des Glaubens. 1291 wurde Akko von den Glaubensfeinden erobert und damit ging Palästina für die Christen verloren. Die Johanniter zogen über Zypern nach Rhodos, wo noch heute eine Festung an die Zeit der Ordensritter erinnert. Sie bauten eine starke Galeerenflotte auf, die sich zu einer schlagkräftigen Truppe und einem bedeutenden Machtinstrument im östlichen Mittelmeerraum entwickelte. 1522 jedoch eroberten die Türken die Mittelmeerinsel. Die Johanniter zogen weiter nach Malta, das Kaiser Karl V. den Rittern als Lehen übergab, und aus Johanniterrittern wurden Malteserritter. Die wichtigste Aufgabe sah man fortan darin, die Türken an ihrem Vordringen nach Europa zu hindern. Nachdem das Osmanische Reich endgültig geschlagen war, gab es keine gemeinsame Aufgabe mehr, die den Orden gestärkt hätte. Die Johanniter büßten ihren Ordenssitz ein, als Napoleon Malta besetzte. Durch die nachfolgende Säkularisation verloren sie die meisten ihrer Besitzungen.

Eng war seit dem Mittelalter die Beziehung zu den Kurfürsten von Brandenburg gewesen. 1538 trat Joachim II., Kurfürst von Brandenburg, zum lutherischen Glauben über. Seither existiert ein protestantischer Zweig des Ordens, der den alten Namen Johanniterorden trägt. Er ist heute Träger der Johanniter-Unfall-Hilfe (JUH), der Johanniter-Hilfsgemeinschaften (JHG), der Johanniter-Schwesternschaft, der Johanniter-Arbeitsgemeinschaften für Gegenwartsfragen (JAG) sowie von Krankenhäusern und anderen karitativen Einrichtungen.

Doch auch der katholische Zweig der Malteser lebt weiter: Der Malteserorden ist heute in über 90 Ländern der Welt karitativ tätig und längst steht wieder die ursprüngliche Aufgabe – die Pflege von Bedürftigen – im Mittelpunkt der Aktivitäten. Von der deutschen Assoziation des Ordens wurde 1953 die Hilfsorganisation Malteser Hilfsdienst gegründet, dessen ehrenamtliche Helfer und Helferinnen u. a. im Katastrophenschutz und in der Unfallhilfe tätig sind.

Gemäß einem Staatsvertrag vom Dezember 1998 zwischen dem Malteser-Ritterorden und der Republik Malta wurde dem Orden die Festung Sant' Angelo für die Dauer von 99 Jahren zur alleinigen Nutzung überlassen. Seit 1976 ist der Orden auch wieder auf Rhodos vertreten. Ordenssitz ist jedoch seit 1834 Rom.

Kamaldulenser

Der Zweigorden der Benediktiner, gegründet im frühen 11. Jahrhundert vom hl. Romuald von Ravenna (gest. 1027), vereint Einsiedlertum und klösterliche Gemeinschaft. Der Name leitet sich ab von der toskanischen Einsiedelei Camaldoli, deren Baustil an die Kartäuserklöster erinnerte – einzelne kleine Häuser, umschlossen von einer Mauer. Sie wurden ergänzt durch Gemeinschaftsgebäude wie Kirche und Kapitelsaal. Der Orden breitete sich über ganz Europa aus, heute gibt es jedoch nur noch wenige Niederlassungen.

Kapuziner

Einer der drei selbstständigen Zweige der franziskanischen Männerorden (s. S. 136 ff.). Die Kapuziner (lat. *Ordo Fratrum Minorum Cappucinorum*, kurz OFMCap) sind ein franziskanischer Reformorden. Sie bilden heute – neben den Franziskanern (OFM) und den Minoriten (OFMConv) – einen der drei Zweige des ersten Ordens des hl. Franziskus.

Heute gibt es weltweit ca. 12 000 Kapuziner. In Deutschland existieren insgesamt 24 Niederlassungen, die sich auf die Rheinisch-Westfälische Provinz und die Bayrische Kapuzinerprovinz verteilen.

Giovanni Lorenzo Bernini, Die Verzückung der hl. Teresa von Avila. Die Darstellung der Vision der Gründerin des Ordens der Unbeschuhten Karmeliterinnen folgt exakt der Schilderung in ihrer Autobiografie.

Karmeliten

Der Berg Karmel, ein Gebirgszug im Heiligen Land, war Namensgeber des Ordens, dessen Anfänge legendenumwoben sind. Mitte des 12. Jahrhunderts war es wohl, als sich Einsiedler in abgelegenen Grotten des Karmel niederließen, die den alttestamentlichen Propheten Elias zum Vorbild ihres Einsiedlerdaseins wählten. Bald schlossen sie sich zusammen und Askese und Armut prägten das Leben der Gemeinschaft. Die Mönche lebten – ähnlich wie die Kartäuser – zwar gemeinsam in einer

Teresa von Avila

Mächtige Mauern umgeben Avila, eine kleine Stadt inmitten der kargen spanischen Meseta. Hier wurde 1515 Teresa de Cepeda y Ahumada geboren, die die katholische Welt aufmischen sollte wie kaum eine zweite Frau. Den Wünschen ihrer Eltern zum Trotz wählte die ebenso hübsche wie temperamentvolle Teresa keinen standesgemäßen Ehemann, sondern wurde Braut Christi und trat dem Orden der Karmeliterinnen bei. Das Kloster, in dem feines Porzellan und Verwandtenbesuche geduldet waren, erinnerte jedoch eher an ein Mädchenpensionat. Teresa arrangierte sich zwanzig Jahre lang in der Mittelmäßigkeit, bevor Visionen in ihr den Wunsch weckten, den Orden zu alter Strenge und Wahrhaftigkeit zurückzuführen: Die Muttergottes und mehrere Heilige erschienen ihr; der Satan nahm auf ihrem Gebetbuch Platz; Engel und Dämonen rangen miteinander. Im Gespräch mit den Engeln wuchs Teresas Wunsch nach Veränderung. Ihre Gedanken schrieb sie in Büchern nieder, die zu den schönsten Werken der spanischen Literatur ihrer Zeit gehören und Teresa als Mystikerin ersten Ranges zeigen. Weil sie jedoch auch eine Pragmatikerin war, ließ sie Worten schnell Taten folgen, um ein Kloster nach ihren Vorstellungen zu gründen. Um mit gutem Beispiel voranzugehen, schleuderte Teresa ihre Schuhe von sich und zog fortan in den einfachen Hanfsandalen der armen Leute durch Spanien: die Geburtsstunde der Unbeschuhten Karmeliterinnen. Teresa gab dem Karmel ein neues Gesicht, verzichtete in ihren Klöstern auf Mitgift und Schenkungen und verlangte, dass die Nonnen allein vom Verkauf ihrer Handarbeiten lebten. Statt feinen Gewändern trugen Teresas Mitschwestern fortan Kutten aus grobem Tuch und nächtigten statt in weichen Betten auf Strohsäcken. Sich selbst gönnte sie keine Ruhe, sondern hetzte im ungefederten Planwagen in sengender Hitze wie in schneidender Kälte von Ort zu Ort, um neue Klöster zu gründen. Sie starb 1582.

Klosteranlage, aber jeder Einzelne führte ein abgeschiedenes Leben in seiner Zelle. Nur zur täglichen Messe und einmal pro Woche zum Schuldkapitel traf man zusammen. Kaum 100 Jahre später fielen die Ordensklöster dem Ansturm der Muslime zum Opfer und die Mönche flüchteten ins Abendland. Zunächst setzten sie auch in Europa ihr Eremitendasein fort, doch nach und nach passte sich der Orden abendländischen Verhältnissen an. Man wandte sich – mit Zustimmung des Papstes – der Welt zu und näherte sich zunehmend den Bettelorden an. Heute gilt der Orden der Karmeliten als der vierte der großen Bettelorden neben Franziskanern, Dominikanern und Augustiner-Chorherren. Man ließ sich fortan auch in Städten nieder, hob das Fleischverbot und Schweigegebot auf, trat nach außen durch aktive Seelsorge in Erscheinung. Marienverehrung spielte eine große Rolle im Ordensleben, was für Popularität beim einfachen Volk sorgte.

Wie in vielen anderen Orden zeigten sich im 14. Jahrhundert erste Verfallserscheinungen. Das Gebet wurde vernachlässigt und Bequemlichkeit siegte über die mönchische Askese. Die Frauenklöster glichen oft Mädchenpensionaten: Wenn die Frauen auch ohne Familie lebten, so umgaben sie sich doch gern mit privaten Besitztümern und das gemütliche Plauderstündchen gehörte zum Klosteralltag genauso wie Verwandtenbesuche. Der Glaubenseifer der Anfangszeit war längst in weite Ferne gerückt, als zwei spanische Mystiker den Orden nach der Reformation aus seiner Lethargie rissen: der hl. Johannes vom Kreuz (1542–1591) und Teresa von Avila (1515–1582). Teresa, der nach ihrem Tod der Titel einer Kirchenlehrerin zuerkannt wurde, wies den Weg zurück zu den asketischen Ordensidealen der Anfangszeit und setzte ein äußerliches Zeichen, als sie ihre bequemen Schuhe durch einfache Hanfsandalen ersetzt. So schuf sie den Zweig der »unbeschuhten« Karmeliterinnen, der sich trotz der Anfeindungen der gemäßigten Ordensschwestern etablierte und vom Papst bestätigt wurde. Den Vertraulichkeiten der Nonnen setzte Teresa Einsamkeit und Schweigen entgegen und Armut der Bequemlichkeit. Johannes vom Kreuz, der junge Weggefährte der Reformerin, trieb zeitgleich die Reform der Männerklöster voran.

Nach einem Niedergang im 19. Jahrhundert bescherte das 20. Jahrhundert dem Karmeliterorden einen neuen Boom und die weiblichen Zweige gehören noch heute zu den stärksten Frauengemeinschaften unter den katholischen Orden. In Deutschland gibt es noch sechs Männerklöster (u. a. in München, Würzburg, Regensburg) und neunzehn Frauenklöster des Teresianischen Karmel. Im bekanntesten deutschen Karmeliterinnenkloster, dem 1692 gegründeten **Maria vom Frieden** in Köln, lebte 1933 bis 1938 die konvertierte Jüdin Schwester Benedicta, besser bekannt als Edith Stein, die 1942 im Konzentrationslager Auschwitz starb und im Jahr 2000 von Papst Johannes Paul II. heiliggesprochen wurde.

Einen authentischen Einblick in das Leben in der Grande Chartreuse bietet der Dokumentarfilm »Die große Stille«, 2005.

Kartäuser

Im 11./12. Jahrhundert erlebte das Eremitentum eine Renaissance. Neue Orden verbanden die Idee des gottgefälligen Lebens in der Einsamkeit mit Aspekten des benediktinischen Mönchtums, schufen eine Synthese aus Einsiedlerleben und Mönchsgemeinschaft. Die Kontakte zu Mitbrüdern, die allerdings streng reglementiert waren, milderten die Einsamkeit.

Der bedeutendste dieser Eremitenorden geht zurück auf den hl. Bruno von Köln (um 1050–1101), den neben Norbert von Xanten (s. S. 153 ff.) einzigen deutschen Ordensgründer. Über seine Jugend ist wenig bekannt, doch sicher war Bruno ein ehrgeiziger junger Mann, denn er machte bald Karriere als Leiter der Domschule zu Reims. Die Begegnung mit skrupellosen Kirchenpolitikern und ein legendäres Erlebnis – der Leichnam eines Domherrn richtete sich in seinem Sarg auf und sprach sein eigenes Verdammungsurteil aus – bewegte ihn jedoch zum Einhalten.

Bruno beschloss, Mönch zu werden und zog sich mit einigen Gefährten in die Einsamkeit zurück. Im abgelegenen Hochtal von Chartreuse (lat. *cartusia*) bei Grenoble gründete er 1084 eine Gemeinschaft von Einsiedlern. Ihr Vorbild waren die Wüstenväter aus der Frühzeit des orientalischen Mönchtums, deshalb nächtigten die Mönche nicht wie die Benediktiner gemeinsam im Dormitorium und teilten auch nicht die täglichen Mahlzeiten. Die Kartäusermönche (abgeleitet von Chartreuse) bewohnten zunächst zwei Häuser – eines für die Mönche, eines für die Laien, die die Organisation des praktischen Lebens übernahmen. Später entwickelte sich der klassische Typ des Kartäuserklosters mit einzelnen Zellen (Kartausen) mit Garten, die rund um einen Kreuzgang angelegt waren. Nur sonntags aßen die Brüder gemeinsam im Refektorium, unter der Woche wurden die kargen fleischlosen Mahlzeiten in die Zelle gereicht. Ansonsten begegnete man den Mitbrüdern nur bei den gemeinsamen Gebeten und Messen. Im Gegensatz zum streng reglementierten Stundengebet der alten Mönchsorden betonen die »kontemplativen« Orden, zu denen die Kartäuser gehören, jedoch die persönliche Zwiesprache mit Gott, auch inneres oder beschauliches Gebet genannt. Die Verpflichtung zur Arbeit hatte man von den Benediktinern übernommen, aber der Arbeitsplatz war beschränkt auf die eigene Zelle und das kleine Gärtchen davor.

Bruno war für seine Brüder ein lebendes Beispiel, aber er verfasste keine Mönchsregel. Nach einigen Jahren zog der Ordensgründer weiter ins süditalienische Kalabrien, wo er eine weitere Kartause gründete und 1101 starb. Wichtigster Theoretiker des Ordens wurde Prior Guido in der Grande Chartreuse, der 1125 die »Consuetudines« (Statuten) verfasste, die von Zeit zu Zeit veränderten Bedingungen angepasst wurden, aber grundsätzlich bis heute den Tagesablauf in Kartäuserklöstern regeln.

Der Kartäuserorden war von Anfang an ein rein kontemplativer Orden. Jedes Wirken nach außen durch Predigt oder Mission war untersagt. Von der Amtskirche wurden die »Eigenbrötler« mit Skepsis betrachtet und nie wurden die Kartäuser zur Massenbewegung, dennoch wuchs der Orden stetig. Im Spätmittelalter wurden auch Kartäuserklöster in Städten gegründet. So ist das Germanische Nationalmuseum in Nürnberg in einem aufgelassenen Kartäuserkloster untergebracht. Reformation, Französische Revolution und Säkularisation setzten auch den Kartäusern schwer zu, aber ab dem 19. Jahrhundert kam es auch wieder zu Neugründungen und die Ur-Kartause im Gebirge konnte 1940 wieder von Mönchen bezogen werden.

Heute gibt es 19 Kartäuserklöster (mit ungefähr 370 Mönchen) in Europa, den Vereinigten Staaten, Lateinamerika und Korea sowie fünf Häuser von Kartäuserinnen (mit ungefähr 75 Schwestern) in Frankreich, Italien und Spanien. Die Mönche und Nonnen leben

Vom Zellenleben
Wer standhaft in seiner Zelle ausharrt und sich durch sie belehren lässt, strebt danach, dass sein ganzer Wandel zu einem einzigen und unablässigen Gebet wird. Indes wird der Zugang zu dieser Ruhe ihm erst erschlossen, wenn er durch die Mühe eines heftigen Kampfes geübt worden ist. Bald sind es Beschwerden, die er aus Liebe zum Kreuz erträgt; bald sind es Heimsuchungen, durch die der Herr ihn wie Gold im Schmelzofen prüft. Da wird er nun durch die Geduld geläutert, durch eifriges Betrachten der Schrift getröstet und genährt und durch die Gnade des Geistes in die Tiefe seines Herzens geführt. So vermag er jetzt Gott nicht mehr bloß zu dienen, sondern Ihm anzuhangen.
Aus: Die Statuten, Buch 1, Kapitel 3

heute wie im frühen Mittelalter in strenger Klausur in abgelegenen Regionen, verbringen den größten Teil des Tages allein in ihrer Zelle und verlassen das Kloster nur zum wöchentlichen Spaziergang, auf dem das Schweigegebot nicht gilt. Die Kartäuser empfangen keine Besucher und verfügen nicht über Radio oder Fernsehen.

Das einzige noch bewohnte Kartäuserkloster in Deutschland ist die moderne Kartause Marienau in Bad Wurzach (Westallgäu), die für Besucher nicht zugänglich ist. Besichtigt werden kann die ehemalige Kartause in Buxheim bei Memmingen (Unterallgäu).

Klarissen

Der weibliche Zweig (Zweiter Orden) der franziskanischen Orden wurde nach seiner Stifterin Klara von Assisi (1193–1253) benannt. Die Armutsbewegung, die Italien im Hochmittelalter erfasste, machte auch vor den Frauen nicht halt. Angestiftet durch die Predigten des Franziskus floh die blutjunge Klara von Favarone in der Nacht zum Palmsonntag 1212 aus ihrem Elternhaus. Franziskus persönlich schnitt ihr das Haar und kleidete sie in das schlichte erdfarbene Gewand der Ordensschwester. In der Kapelle San Damiano fand sie Unterschlupf und sammelte ihre Schwestern, die Mutter und andere Glaubensgefährtinnen um sich. Klara wurde 1215 Äbtissin der Gemeinschaft, der Franziskus die erste Regel gab. Die Möglichkeiten der Frauen waren eingeschränkt, so ersetzte die schwesterliche Gemeinschaft in Abgeschiedenheit und Armut das Wanderpredigerdasein der Männer. Die schon als Kind kränkliche Clara war ab 1224 ganz ans Bett gefesselt, von hier aus leitete sie ihren wachsenden Orden und formulierte die erste Ordensregel aus der Feder einer Frau, die 1253 von Papst Innozenz IV. bestätigt wurde. Als Klara starb, gab es bereits mehr als 100 Klöster – vor allem in Italien, aber auch in anderen Regionen Europas. Zwei Jahre nach ihrem Tod wurde sie heilig gesprochen. Heute gibt es rund 20 Klarissenklöster im deutschsprachigen Raum.

Minoriten oder Franziskaner-Konventualen

Einer der drei selbstständigen Zweige der franziskanischen Männerorden (s. S. 136 ff.). Die Minoriten (OFMconv) bilden heute – neben den Franziskanern (OFM) und den Kapuzinern (OFMCap) – mit weltweit ca. 4500 Mitgliedern den kleinsten der drei Zweige des ersten Ordens des hl. Franziskus. Sie sind auch in Deutschland mit der eigenständigen Ordensprovinz St. Elisabeth, mit Zentrale in Würzburg, vertreten.

Der Schrein der hl. Klara in Assisi.

Orthodoxes Mönchtum

Als orthodoxe Kirchen bezeichnen wir heute alle Ostkirchen, die aus der byzantinischen Kirche hervorgingen. Diese wiederum hatte sich 1054 von der römisch-katholischen Kirche des Westens abgespalten.

Die Anfänge des abendländischen wie des orthodoxen Mönchtums liegen in Ägypten. Von dort aus wurden seine Ideen zum einen nach Europa, zum anderen weiter ostwärts nach Syrien und Kleinasien getragen.

Als Vater des orthodoxen Mönchtums gilt heute Basilius der Große, der im 4. Jahrhundert lebte. Er stu-

Orthodoxer Mönch auf dem Berg Athos.

dierte in Konstantinopel und Athen, ließ sich als junger Mann taufen, verschenkte sein Vermögen, lebte als Mönch in Syrien, Palästina, Ägypten und Mesopotamien und gründete mehrere Klöster, für die er eine Klosterregel verfasste. Nach einigen Jahren als Eremit kehrte er jedoch in die Zivilisation zurück, ließ sich zum Priester weihen und widmete sich der Seelsorge, bevor er 370 zum Erzbischof von Caesarea (heute Kayseri) und zum Metropoliten von Kappadokien ernannt wurde.

Die Mönchsregel des Basilius wurde zum Leitfaden des Mönchslebens im Osten, wo sich nie Orden wie im Westen bildeten. Ähnlich wie Benedikt, der Vater des abendländischen Mönchtums, verlangte Basilius in seinen Klöstern ein harmonisches Gleichgewicht von Gebet, Gottesdienst, geistlicher Lektüre und Arbeit. Darüber hinaus sollten die Klöster jedoch auch soziale Aufgaben übernehmen und sich um die Versorgung von Kranken und Armen kümmern.

Spitäler und Armenhäuser wurden unterhalten, in denen allerdings nicht Mönche, sondern Laien Dienst taten. Seelsorgerische Aufgaben übernahmen die Mönche nicht, aber aus den Klöstern kamen die Bischöfe, von denen in der orthodoxen Kirche – anders als von den Priestern – Ehelosigkeit verlangt wird.

Eine Erneuerung der Basilius-Regel im 8./9. Jahrhundert ging einher mit neuen Klostergründungen wie der Mönchsrepublik

Der Berg Athos

Athos ist die östlichste der Chalkidikei-Halbinseln in Griechenland und streckt sich mit ihren hohen Gebirgskämmen und Felsen wie ein Finger ins Meer hinein. Durch seine Abgeschiedenheit bot sich der Berg Athos als Rückzugsort für Mönche an. Erst 1963 wurde eine Straße angelegt – zuvor konnte man den Athos nur zu Fuß oder mit dem Maultier erklimmen. Bereits um das Jahr 1000 gab es hier ein Kloster und viele Einsiedeleien und Athos wurde bekannt als »heiliger Berg«. Die Mönche, die aus Griechenland, Russland, Serbien, Georgien zusammenströmten, leben bis heute nach einer eigenen Verfassung – die Mönchsrepublik Athos ist ein autonomer (selbstverwalteter), aber kein souveräner, also unabhängiger Staat. Schutzmacht für die theokratische Republik Athos ist seit 1923 der Staat Griechenland. Insgesamt leben hier rund 2000 Mönche – in einem der rund 20 Großklöster oder in Kleinklöstern (Metóchia), Mönchsdörfern (Skiten) und Einsiedeleien (Kellia), die von ihnen abhängig sind. Die Mönche verbringen acht Stunden am Tag mit dem Gebet und weitere acht Stunden mit der Arbeit: Sie versorgen Mitbrüder und Pilger oder beschäftigen sich mit Ikonenmalerei, Holzschnitzerei, Buchrestaurierung und Kalligrafie. Frauen, das gilt auch für weibliche Tiere, dürfen die Halbinsel nicht betreten.

Athos. Das erste Kloster auf dem »Heiligen Berg« wurde 963 gegründet und Athos entwickelte sich zum Zentrum des gesamten byzantinischen Mönchtums. Von dort aus wurden die slawischen Gebiete des Balkans (Bulgarien, Rumänien) und die Region Kiew christianisiert. In Russland entwickelte sich ein blühendes Klosterwesen, das allerdings durch die Revolution 1917 seine Bedeutung fast gänzlich einbüßte. In Griechenland gibt es außer der Mönchsrepublik Athos eine ganze Reihe von weiteren Klöstern für Mönche genauso wie für Nonnen – berühmt sind vor allem die nordgriechischen Meteoraklöster.

Prämonstratenser

Wie die Augustiner-Chorherren gehören die Prämonstratenser zu den regulierten Chorherrenorden oder Regularkanonikern, die im Unterschied zu den Mönchsorden das Mönchsleben von Anfang an mit der pfarramtlichen Seelsorge verbanden. Der Chorherrenorden wurde von Norbert von Xanten (1080/85–1134) gegründet und breitete sich zur Zeit der Kanonikerreform im 11./12. Jahrhundert bald über Deutschland und Frankreich hinaus in ganz Europa aus. Grundlage der Prämonstratenser-Gemeinschaft war die strengere Version der Augustinusregel: Die Chorherren führten

Abb. links unten: Kloster Vatopedi auf dem Berg Athos. Die Klöster der Mönchsrepublik richten sich noch nach dem julianischen Kalender, der dem ab 1582 in Westeuropa eingeführten gregorianischen Kalender um 13 Tage hinterherhinkt. Die Einteilung der Stunden des Tages orientiert sich ebenfalls am byzantinischen Vorbild. Der Tag beginnt mit dem Sonnenuntergang.

ein bescheidenes Leben, verzichteten auf Privatbesitz, lebten streng vegetarisch und von der eigenen Hände Arbeit.

Der Ordensgründer, der aus einem niederrheinischen Adelsgeschlecht stammte, lebte als junger Mann als Kanoniker im angesehenen Chorherrenstift St. Victor in Xanten. Obwohl er auf Wunsch seiner Eltern die geistliche Laufbahn eingeschlagen hatte, war er weltlichen Freuden nicht abgeneigt und verfügte über beträchtlichen Besitz. Für eine Wende in seinem Leben sorgte eine wundersame Rettung aus höchster Lebensgefahr. Der dankbare junge Stiftsherr schwor, fortan ein strenges, ganz Gott geweihtes Leben zu führen. Norbert wollte durch die Predigt die Menschen wachrütteln, Seelen retten und zu neuer Frömmigkeit führen. Getrieben von seiner Vision zog er als Wanderprediger durch Deutschland und Frankreich. Der Mann im Büßergewand Johannes' des Täufers, der im Winter wie im Sommer barfuß unterwegs war, zog die Massen an. 1120 ließ er sich mit Glaubensbrüdern im abgeschiedenen Tal Prémontré in Nordfrankreich nieder. Das Gemeinschaftsleben basierte auf der Augustinusregel und nach einem Jahr legten 40 Geistliche am Weihnachtstag ein feierliches Gelübde ab. Aus dem Namen des Ortes wurde später der Name des Ordens – Prämonstratenser – abgeleitet.

Norbert selbst hielt es nicht im Kloster von Prémontré. Der gebildete Mann, der hohes Ansehen als Vertrauter des Papstes und hoher weltlicher Würdenträger genoss, zog weiter als Wanderprediger durch Stadt und Land.

1126 kam es zur zweiten großen Wende in Norberts Leben. Der charismatische Prediger und Ordensstifter ließ sich von Papst und König zum Erzbischof von Magdeburg bestimmen. Obwohl Norberts Lebensstil schnell weltliche Züge annahm, erwies er sich als unnachgiebiger Reformer, der für eine allgemeine Kleriker- und Kirchenreform eintrat und etablierte Besitzstände in Frage stellte. Er starb 1134 in Magdeburg und wurde von Papst Gregor XIII. 1582 heilig gesprochen. Die Reliquien des Heiligen wurden, nachdem Magdeburg protestantisch geworden war, in eine Kapelle der Abteikirche Strahov in Prag überführt.

Nachdem Norbert zum Erzbischof von Magdeburg erhoben worden war, missionierten die Prämonstratenser in deutschen Gebieten östlich der Elbe und viele junge Domkapitel in neuchristianisierten Regionen wie Brandenburg oder Riga gehörten dem Prämonstratenserorden an. Während seiner Blütezeit zählte der Orden rund 600 Klöster, viele davon Doppelklöster, in denen die Frauen getrennt von den Männern bei derselben Klosterkirche lebten.

Während der Reformation geriet der Orden in eine schwere Krise. In den Regionen Europas, in denen der Katholizismus wie in Spanien, Süddeutschland oder Österreich den Sieg davongetragen hatte, gab es im 17./18. Jahrhundert wieder einen enormen Aufschwung. Vor allem die süddeutschen Klöster errichteten Wallfahrtskirchen, die zu den Perlen unter den Bauten des Barock und Rokoko zählen, wie die Wieskirche bei Steingaden oder die Klosterkirche in Steinhausen bei Schussenried. Die Säkularisation vertrieb die Prämonstratenser und erst im 20. Jahrhundert kehrten sie nach Deutschland zurück. Heute leben wieder Mönche in Speinshart in der Oberpfalz, in Windberg bei Straubing, in Roggenburg bei Ulm, aber auch in Duisburg, Magdeburg und Fritzlar. Im Zweiten Orden sind die Prämonstratenserinnen organisiert und Männer wie Frauen im Dritten Orden der Laien. Insgesamt gibt es rund 100 Niederlassungen auf allen Kontinenten. Wie in alten Zeiten stehen Seelsorge und Schuldienst im Mittelpunkt des Ordenslebens. Die Einzelklöster sind jedoch relativ eigenständig, setzen sich eigene Schwerpunkte und das Gelübde wird nicht auf den gesamten Orden, sondern auf ein bestimmtes Kloster abgelegt. Bekannt wurde in den frühen 1990er Jahren eine Initiative der Prämonstratenser: Das Hilfswerk Subsidiaris wandelt auf den Spuren des hl. Norbert, der im Magdeburger Land aktiv war, und unterstützt kirchliche und soziale Einrichtungen zum Abbau der Arbeitslosigkeit in der Region.

Ritterorden

Die Glanzzeit des Rittertums war Ende des 11. Jahrhunderts vorbei, verarmte Adelige zogen als Raubritter umher oder verdingten sich auf Turnieren, bis die Kreuzzüge neue Perspektiven eröffneten. Zu dieser Zeit war Jerusalem ein Anziehungspunkt für Pilgerscharen und Abenteurer aus ganz Europa und weil Straßenräuber immer wieder die Pilger bedrohten, entwickelten sich die christlichen Ritterorden – neuartige Ordensgemeinschaften, die sich als Bindeglieder zwischen Mönchtum und Rittertum sahen.

Die Templer (s. S. 158 ff.) waren die ersten, die sich zur Aufgabe machten, die Pilger zu begleiten, gegen Angreifer zu verteidigen und die Alten und Kranken auf dem beschwerlichen Weg zu versorgen. Die anderen beiden Orden, die über ihre Heimatländer hinaus Bedeutung erlangten, waren der Johanniterorden (später Malteser genannt, s. S. 142 ff.) und der Deutsche Orden (s. S. 125 ff.). Letztere gingen aus Hospitalbruderschaften hervor, die sich vor allem der Sorge um Alte und Kranke widmeten. Neben den drei Mönchsgelübden (Gehorsam, Keuschheit und Armut) verpflichteten sich die Angehörigen der Ritterorden zum Waffendienst. Das Ideal Benedikts wurde von den christlichen Rittern ihrer Mission entsprechend verändert: Statt »bete und arbeite« lautete ihr Motto »bete und kämpfe«.

Der besondere Charakter der Ritterorden beeinflusste auch ihre Architektur: Im Heiligen Land übernahmen und errichteten sie etliche Burgen, die gleichermaßen Wehrburgen wie Ordenshäuser waren. Tortosa und Chastel Blanc waren bedeutende Templerburgen, Krak des Chevaliers und Margat Johanniter-Festungen, deren Dimensionen im Vergleich zu europäischen Burgen gewaltig waren: Die Außenmauern von Krak des Chevaliers, zu Beginn des 13. Jahrhunderts errichtet, umfassten rund 500 Meter. Ausgestattet wurden die Ordensburgen mit einem besonderen System von Türmen und Verteidigungsanlagen. Wehrhaften Charakter hatten aber auch die Burgen der Ritterorden, die später im Abendland entstanden.

Die Ordensmitglieder wurden in drei Gruppen eingeteilt: adelige Ritter für Pilgerschutz und Waffendienst, Ordenskapläne für den geistlichen Dienst und schließlich dienende Brüder für Waffendienst und handwerkliche Tätigkeiten. Eine streng zentralisierte Verfassung stellte einen Großmeister (bzw. Hochmeister beim Deutschen Orden) an die Spitze der Ordensleitung, der aus den Reihen der adeligen Ritter gewählt wurde. Ihm stand das Generalkapitel beratend zur Seite.

Die drei großen Orden erwarben Landbesitz im Vorderen Orient, aber auch in Europa. Nachdem die Festung Akko 1291 von Muslimen eingenommen worden war, was den endgültigen Verlust Palästinas an die Glaubensfeinde bedeutete, veränderten sich die Aufgaben der Ritterorden. Der Templerorden scheiterte am eigenen Erfolg und wurde 1312 von Papst Clemens V. aufgehoben; aus den Johannitern wurden Malteser, die auf der Mittelmeerinsel Malta einen neuen Stützpunkt fanden. Der Deutsche Orden fand ein neues Betätigungsfeld im Ostseeraum. Beide Orden bestehen – wenn auch in veränderter Form – bis heute.

Salesianer

Die 1859 gegründete Ordensgemeinschaft der Salesianer Don Boscos geht zurück auf Giovanni Bosco (1815 –1888), der als Bauernjunge in ärmlichen Verhältnissen aufwuchs. 1841 wurde er zum Priester geweiht und ging nach Turin, wo er mit den Schattenseiten der Industrialisierung konfrontiert wurde. Viele Jugendliche lebten auf der Straße, fanden keine Arbeit und rutschen ab in die Kriminalität. Bosco betreute die jungen Menschen und gründete eine religiöse Gemeinschaft, die Salesianer, die sich Jugendseelsorge und Jugendarbeit zum Ziel setzte. Ein halbes Jahrhundert nach seinem Tod wurde Bosco am 1. April 1934 heilig gesprochen und wird weltweit als Schutzpatron der Jugend verehrt.

Die rund 17 000 Salesianer Don Boscos sind heute nach den Jesuiten – und noch vor den Franziskanern – die zweitgrößte männliche Ordensgemeinschaft.

In Deutschland sind sie seit 1916 aktiv und heute kümmern sich 350 Salesianer in 35 Einrichtungen um junge Menschen. Die größte Ordensniederlassung im deutschen Sprachraum ist Kloster Benediktbeuren in Oberbayern.

Templer

Die frühe Geschichte des Templerordens ist nicht gesichert, aber es war wohl um das Jahr 1120, als sich eine Gruppe von Rittern um den französischen Adeligen

JACQUES DE MOLAY, chef des Templiers.
(XIII.e SIÈCLE).

Hugo von Payns scharrte, um einen Ritterorden zu gründen. Anders als Johanniter- und Deutscher Orden, die aus Hospitalorden entstanden waren, war das Ziel der Templer von Anfang an der Schutz der Jerusalempilger. König Balduin II. stellte den christlichen Rittern einen Teil seines Palastes, die einstige muslimische Al-Aqsa-Moschee auf dem Tempelberg in Jerusalem zur Verfügung. Unweit davon hatte einst der Salomonische Tempel gestanden und so kam der neue Orden zu seinem Namen. Im Jahr 1125 erlebte der Orden den ersten Aufschwung, als Graf Hugo von

Das Tatzenkreuz wurde auf weißen Mänteln getragen und markierte die Stelle des Herzens. Es sollte das Leiden Christi symbolisieren – Rot für das vergossene Blut und als Farbe des Lebens. Die Darstellung zeigt Jacques de Molay, den letzten Großmeister des Templerordens, der 1314 in Paris verbrannt wurde.

der Champagne, ein Freund des berühmten Abtes Bernhard von Clairvaux (s. S. 38), sich den Templern anschloss. Bernhard selbst, der große Theoretiker des Zisterzienserordens, setzte sich wortgewaltig für die Unterstützung des Templerordens ein. Aus der kleinen Schutztruppe der Anfangszeit war inzwischen längst ein schlagkräftiges Heer geworden. Für ihre Tapferkeit und ihren Todesmut waren die Templer ebenso berühmt wie berüchtigt und längst nicht immer standen ihre Dienste im Zeichen der christlichen Nächstenliebe. Das Gebot »Du sollst nicht töten« verlor während der Kreuzzüge mehr und mehr an Bedeutung. Wer im Kampf gegen Andersgläubige starb, gelange direkt ins Himmelreich, glaubten unzählige fanatische junge Menschen. Rund zwanzig Jahre später war der neue Orden nicht nur anerkannt, sondern auch mit päpstlichen Privilegien ausgestattet: Die Templer waren direkt dem Papst unterstellt und dadurch für weltliche Herrscher unantastbar. Außerdem waren sie nicht nur von der Steuer befreit, sondern durften selbst Steuern erheben. Der Orden wuchs zu einer internationalen Organisation heran, aufgeteilt in Kommandanturen, Befehlseinheiten. Jerusalem wurde das Verwaltungszentrum der Tempelritter. Dort hatte der Großmeister des Ordens seinen Sitz.

Eine geniale Erfindung festigte Macht und Reichtum der Templer: Weil die Versorgung des Ordens im Heiligen Land geregelt werden musste, wurden Konten eingeführt. Nun konnten Geldbeträge, die in Frankreich eingezahlt worden waren, in Jerusalem ausgezahlt werden. Der bargeldlose Bankverkehr war erfunden.

Als die Festung von Akko 1291 verloren ging, mussten die Christen die muslimische Überlegenheit anerkennen und das Heilige Land verlassen. Der Orden der Templer hatte zweihundert Jahre nach der Ordensgründung sein Wirkungsfeld verloren. Nichtsdestotrotz hätte der Orden auch im Abendland weiter operieren können, immerhin zählte er etliche Tausend Mitglieder, und Landschenkungen in ganz Europa sowie reichlich fließende Spenden hatten den Ordensbesitz stetig wachsen lassen. Zu den bekanntesten Templersiedlungen zählten Tempelhove (heute Berlin-Tempelhof) sowie die Hauptsitze Temple in Paris und Temple Church in London.

War es Missgunst, die den französischen König Philipp IV., den Schönen (1285–1314), einen skrupellosen Herrscher, zum erbitterten Gegner des Ordens machte? Im Nachhinein kann man nur Mutmaßungen anstellen, ganz wird nie zu klären sein, warum Philipp alles daran setzte, die Templer zu vernichten. Sicher ist, dass der König hoch verschuldet war – unter anderem bei den Templern – und die Templerniederlassung in Paris verwaltete den französischen Staatsschatz. Aber auch das Elitebewusstsein der Templer, verbunden mit

Das Geheimnis der Templer
Wo die Geschichtsschreibung keine eindeutigen Antworten gibt, blühen die Legenden. Bis heute sind die Templer ein beliebtes Thema von Romanen (wie jüngst im Bestseller »Sakrileg« von Dan Brown) und Kinofilmen. Immer wieder wurden sie mit dem heiligen Gral in Verbindung gebracht und immer wieder tauchten Legenden um einen verschollenen Schatz der Templer auf. Bis heute wird den »Geheimnissen der Gralshüter« nachgespürt. Nachfolgeorganisationen des historischen Templerordens hat es durch die Jahrhunderte immer wieder gegeben – darunter streng katholische Gruppen, aber genauso ökumenische und esoterische Vereinigungen.

Geheimniskrämerei, förderte Eifersüchteleien. Was spielte sich während der geheimnisvollen Aufnahme-rituale wirklich ab? Warum waren viele der Templer-kirchen rund? Welche Bedeutung hatte die Magie im Ordensleben? Sicher spielte die Tatsache eine Rolle, dass Philipps Antrag auf Aufnahme bei den Templern abgelehnt worden war.

Die Templer wurden der Ketzerei angeklagt. Nichts konnte nachgewiesen werden, geschickt verstand es Philipp IV. jedoch, den schwächlichen Papst Clemens V., der seinen Amtssitz nach Avignon verlegt hatte und in der Schuld des Königs stand, unter Druck zu setzen. Freitag, der 13. Oktober 1307, war ein schwarzer Tag für die Templer: Rund 2000 französische Ritter wurden verhaftet und ihre Güter eingezogen. Unter Folter wur-den Schuldgeständnisse erpresst, die jedoch widerru-fen wurden, kaum dass die Opfer den Peinigern ent-ronnen waren. Widerruf jedoch galt nach den Gesetzen der Inquisition als Rückfall in die Ketzerei und überall in Frankreich wurden die Feuer der Scheiterhaufen ge-schürt. 1312 hob der Papst den Templerorden auf.

In der Abtei Citeaux leben heute Trappisten-mönche.

Trappisten

Die Trappisten entstanden aus einem Reformzweig des Zisterzienserordens. Sie sind seit 1892 ein selbstständiger Orden mit dem offiziellen Namen »Or-den der Zisterzienser von der strengen Observanz«. Die Bewegung geht auf das 17. Jahrhundert zurück, als der Laienabt des Zisterzienserklosters La Trappe in der südlichen Normandie, Armand Jean Le Bouthillier de Rancé (1626–1700), ein Bekehrungserlebnis hatte. De Rancé stammte aus bester Familie, war Patenkind des Kardinals Richelieu und schon mit elf Jahren Laienabt von La Trappe geworden. Der hochbegabte junge Mann wurde spä-ter zum Priester geweiht, promovierte an der Sorbonne in Paris als Doktor der Theologie und wurde Mitglied in der französischen Klerusversammlung. Er blieb weiterhin in Paris, bezog als Laienabt Einkünfte von La Trappe und anderen Klöstern und führte ein weltliches Leben.

Der Tod einer nahen Bekannten der Familie veranlasste ihn zu tiefer Reue über sein bisheriges Leben und zum Rück-zug ins Kloster La Trappe. Dort sprach er 1664 die Ordensgelübde und wurde noch im gleichen Jahr offiziell zum Abt geweiht. Nun versuchte de Rancé gegen den Widerstand vieler Mönche strenge Reformen durchzusetzen, stieß dabei aber

Vor allem die Trappistenklöster in Belgien sind berühmt für ihre Bier- und Käseproduktion.

auf großen Widerstand. Er holte daraufhin reformwillige Mönche aus dem nahen Kloster Perseigne und setzte seine Ideen durch. Seine »Règlements« verschärften die schon gestrenge »Charta Caritatis« der Zisterzienser aus dem Jahre 1119. Schärfste Askese bestimmte jetzt wieder das Leben der Mönche: Strenges Stillschweigen und häufiges Fasten sowie ein Verbot jeglichen wissenschaftlichen Studiums, aber auch die Wiederaufnahme der Handarbeit standen im Vordergrund.

Die Französische Revolution führte 1790 zur Auflösung von La Trappe, einigen Mönchen gelang die Flucht in die Schweiz, wo sie 1791 das verlassene Kartäuserkloster Valsainte neu besiedelten. Auch zogen die Mönche durch ganz Europa, ja sogar bis nach Amerika und verbreiteten ihre Reformideen. 1814 wurde La Trappe neu besiedelt. Es gab viele Klosterneugründungen, 1847 bildeten sich schließlich zwei Kongregationen der Trappisten, die eine nach den Regeln de Rancés, die andere nach denen aus Valsainte. Beide waren immer noch offiziell den Zisterziensern und ihrem Generalkapitel unterstellt. Das änderte sich erst

1892, als Papst Leon XIII. beide Kongregationen zu einem gemeinsamen neuen Orden zusammenfasste, der nun auch ein eigenes Generalkapitel und einen Generalabt hat. 1898 gelang den Trappisten der Erwerb von Cîteaux, der ehemaligen Mutterabtei der Zisterzienser in Burgund. Seitdem finden dort die jährlichen Versammlungen des Generalkapitels statt, der Generalabt residiert jedoch weiterhin in Rom.

Die Trappisten sehen ihre Hauptaufgabe im *agnus dei* (Gotteslob), allerdings eng verbunden mit *lectio divina* (geistlicher Lesung und theologischen Studien) und *labor manuum* (Arbeit für den Lebensunterhalt). Das Verbot der wissenschaftlichen Studien wurde inzwischen aufgehoben. Das Zweite Vatikanische Konzil entschärfte auch die strengen Askeseregeln. Eine Erfindung von Trappistenmönchen findet sich heute in fast jedem Supermarktregal: Der Trappistenkäse ist ein Rotschmierkäse mit elfenbeinfarbigem Teig, er wurde in einem Trappistenkloster in der Normandie entwickelt. Die dänische Variante Esrom ist mittlerweile die bekannteste. Heute gibt es weltweit etwa 2500 Trappistenmönche und etwa 1800 Trappistennonnen. Im deutschsprachigen Raum gibt es je zwei Männer- und zwei Frauenklöster: Mariawald, Eifel (Männer), Maria Frieden in Dahlem, Eifel (Frauen), Gethsemani in Dannenfels, Rheinlandpfalz (Frauen) in Deutschland und Engelszell in Engelhartszell (Männer) in Österreich.

Ursulinen

Während der Reformation wurden Klöster geschlossen und Orden aufgehoben, aber es bildeten sich auch neue Orden, die sich besonders der Erziehung widmeten. So gründete die hl. Angela Merici 1535 in Brescia (Italien) den Orden der Ursulinen. Wichtigstes Ziel des reinen Frauenordens war es, der weiblichen Jugend in einer bewegten Zeit katholische Werte mit auf den Weg zu geben. Ab dem frühen 17. Jahrhundert waren die Ursulinen offiziell als Orden anerkannt, der nach der Augustinusregel lebte, und die Ordensschwestern verpflichteten sich zu Armut, Keuschheit und Gehorsam und darüber hinaus zur Erziehung der weiblichen Jugend. Zu seiner Blütezeit besaß der Orden allein in Frankreich rund 350 Klöster. Nach dem Niedergang durch die Säkularisation erlebte er auch in Deutschland eine Renaissance. Das bekannteste deutsche Kloster des Ordens liegt in Erfurt. Weil die erzieherische Arbeit des 1667 gegründeten Klosters als wichtig eingestuft wurde, musste es während der Säkularisation nicht seine Pforten schließen.

Zisterzienser

Der Zisterzienserorden ist ein Reformorden innerhalb der Benediktinerbewegung. Seine Gründung war eine Reaktion auf die Prachtentfaltung des Klosters Cluny und auf die dortige Überbetonung der Liturgie auf Kosten der Handarbeit. Die Anfänge des Ordens gehen zurück auf das Jahr 1098, als Robert von Molesme mit einigen Mönchen in einer abgelegenen Region Burgunds die Abtei Cîteaux

Bernhard zieht mit dreißig Gefährten in Cîteaux ein und wird von Abt Stephen Harding empfangen, Buntglasfenster im Altenberger Dom, 1505–1532.

gründete. Von dieser leitet sich auch der Name des Ordens ab. Einen Aufschwung erlebte die junge Ordensgemeinschaft ab 1112, als der junge burgundische Adelige Bernhard von Fontaines mit 30 Anhängern dem Kloster beitrat. Der Abt Stephan Harding schickte ihn schon drei Jahre später weiter, um das Kloster Clairvaux zu gründen und es als Abt zu leiten (s. S. 38). Neben Clairvaux entstanden in den Jahren 1113 bis 1115 noch die Klöster La Ferté, Pontivy und Morimond. Die vier Neugründungen bezeichnet man als die Primarklöster, von ihnen und Cîteaux gingen alle weiteren Klostergründungen aus. Um 1119 gab Abt Stephan Harding die »Charta Caritatis«, die Ordensverfassung, heraus und damit wurde die Gründung des Zisterzienserordens offiziell bestätigt. Laut Charta sind alle Klös-

163

ter unabhängig und wählen ihren Abt selbst, werden aber einmal jährlich von den Äbten ihrer Mutterklöster besucht. Alle Äbte müssen außerdem einmal im Jahr am Generalkapitel teilnehmen, diese Ordensversammlung stellt die höchste Instanz des Zisterzienserordens dar.

Bernhard von Clairvaux lebte die neuen Ideale der Zisterzienser am radikalsten, er hielt strengste Askese, war wegen Mangelernährung häufig magenkrank und blutarm. Trotz gesundheitlicher Probleme zog er predigend durch ganz Europa und dank seines Charismas wuchs der Orden bis zur Mitte des 12. Jahrhunderts fast explosionsartig. Er hatte bald den cluniazensischen Verbund an Bedeutung übertroffen und war zum bedeutendsten christlichen Orden des Abendlandes geworden. Das 12. Jahrhundert bezeichnete man nach dem Habit der Zisterzienser auch als das Jahrhundert der weißen Mönche. Bald gab es 1000 Zisterzienserklöster in ganz Europa. Fast 600 Zisterzienser wurden im Lauf der nächsten Jahrhunderte Bischöfe, 44 Kardinäle und zwei wurden zum Papst gewählt. Papst Eugen III. (1145–1153) war ein Schüler Bernhards und stand auch während seiner Amtszeit ganz unter dessen Einfluss.

Das zentrale Prinzip der Gründer – Armut und Askese –, direkt erlebbar in der körperlichen Arbeit der Mönche, führte bald dazu, dass die Zisterzienser wahre Spezialisten der Land-, Forstwirtschaft und des Bergbaus wurden. Die Klöster, fast immer in abgelegenen Tälern errichtet, gelangten durch den Fleiß und die technischen Neuerungen der Mönche und Laienbrüder zu großem Wohlstand und wichen so ab dem 13. Jahrhundert von den ursprünglichen Idealen ab.

Der Niedergang setzte im 14. Jahrhundert mit dem Hundertjährigen Krieg zwischen England und Frankreich ein, setzte sich fort über die Reformation im 16. Jahrhundert mit der Auslöschung des Ordens in England, Schottland, Skandinavien, den Niederlanden und Ungarn. Auch in der Schweiz und im Heiligen Römischen Reich wurden viele Klöster aufgelöst, andere konnten aber bestehen bleiben. Den schwersten Schlag erlebte der Zisterzienserorden wie alle anderen christlichen Orden durch die Französische Revolution und ihre Auswirkungen auf ganz Europa: Fast alle europäischen Abteien wurden geschlossen, übrig blieben wenige in Italien, Österreich-Ungarn und Belgien. Erst Ende des 19. Jahrhunderts kam es in ganz Europa zu einer Neubelebung.

Das erste Zisterzienserkloster im deutschen Sprachraum wurde 1123 in Kamp am Niederrhein (heute Nordrhein-Westfalen) gegründet. Es hatte im Heiligen Römischen Reich eine ähnliche Ausstrahlung wie Cîteaux und Clairvaux in Burgund, von hier gingen 14 Tochtergründungen aus. Auch Kloster Ebrach (1127) im heute fränkischem Steigerwald und Kloster Heiligenkreuz in Wien (1133) gründeten eine ganze Reihe von bedeutenden Tochterklöstern. In Norddeutschland entstand 1180 das Kloster Lehnin in den Sümpfen der Mark Brandenburg, um als stabilisierender Faktor inmitten noch nicht christianisierter slawischer Bevölkerung zu wirken. Hier steht noch heute eine der ersten bedeutenden norddeutschen Backsteinkirchen im romanisch-gotischen Übergangsstil. Von Lehnin aus wurde 1258 das Tochterkloster Chorin weiter östlich in Brandenburg gegründet. Dessen Bauten zählen heute zu den schönsten Beispielen der deutschen Backsteingotik, obwohl sie nicht gegen die Grundsätze der einst spartanischen Architekturvorschriften des Ordens verstoßen.

Heute tagt das Generalkapitel der Zisterzienser, das sich bis zur Französischen Revolution einmal im Jahr in Cîteaux getroffen hatte, meist in Rom. Der Generalabt residiert dort seit 1927. Im Jahr 2005 gab es weltweit 1499 Zisterziensermönche, davon 696 Priester und 883 Nonnen. In Deutschland finden sich noch zehn aktive Frauen- und sieben Männerklöster des Ordens, in Österreich elf und in der Schweiz sechs. Bekannt sind Waldsassen in Nordbayern, Himmerod in der Eifel und Stams in Tirol. Zwei bedeutende Frauenklöster in Deutschland, die seit ihrer Gründung im 13. Jahrhundert ununterbrochen besiedelt sind: Lichtenthal in Baden-Baden und St. Marienstern in Panschwitz-Kuckau (Niederlausitz).

Auf den Computer kann heute auch die Klosterverwaltung nicht mehr verzichten.

Orden nach Zahlen

In Deutschland existierten 2006 etwa 60 verschiedene katholische Ordensgemeinschaften mit rund 5300 Ordensmännern in 514 klösterlichen Niederlassungen und etwa 25 000 Ordensfrauen, die in rund 2500 klösterlichen Niederlassungen leben. Die mitgliederstärksten Orden sind Benediktiner (ca. 1500 Benediktinerinnen und Benediktiner in Deutschland; weltweit ca. 8000 Mönche und 16 000 Nonnen), Franziskaner (ca. 550 Mitglieder in Deutschland und ca. 18 000 weltweit) und Jesuiten (ca. 600 in Deutschland und 20 000 Mitglieder weltweit).

Viele Klöster kämpfen heute um ihr Überleben, leiden unter Nachwuchssorgen und finanziellen Problemen. Die Ordenstracht sieht man nur noch selten auf unseren Straßen. Das ist nicht verwunderlich in einer Zeit, in der religiöse Überzeugungen an Bedeutung verlieren – in der Gesellschaft ebenso wie im Leben des Einzelnen. Im Mittelalter fanden Söhne und Töchter adeliger Familien, für die Erbe oder Mitgift nicht reichten, Unterschlupf und Versorgung im Kloster. Längst wählen junge Menschen selbst ihren Weg, die Alternativen sind zahlreich und das Leben hinter Klostermauern erscheint wenigen attraktiv. Aber auch die Klöster stellen hohe Anforderungen an Bewerber. Weltflüchtige und Menschen, die »draußen« gescheitert sind, sind nicht willkommen. Das einzige Argument für einen Eintritt ins Kloster ist heute die ernsthafte Suche nach Gott. Darüber hinaus verlangen die meisten Klöster von Bewerbern eine abgeschlossene Berufsausbildung und wünschen sich junge Menschen, die zupacken können. Wer an die Klosterpforte pocht, muss sich lange prüfen und wird gleichfalls von der Gemeinschaft der Ordensbrüder oder -schwestern sorgsam geprüft.

Wenn auch die Zahl der Ordensmitglieder sinkt, so besteht kaum Grund, am Fortbestand des Klosterwesens zu zweifeln. Klöster erlebten im Laufe der Jahrhunderte viele Krisen. Reformation, Französische Revolution und schließlich die Säkularisation im frühen 19. Jahrhundert bedeuteten das Ende für viele Ordensgemeinschaften. Doch so manches Kloster erwachte nach Jahrzehnten mit frischer Kraft zu neuem Leben und neue Orden formierten sich. Und auch zu Beginn des dritten Jahrtausends ist das Interesse an Klöstern als Inseln der Ruhe inmitten der Hektik unserer Zeit neu erwacht. Im Trend liegt das »Kloster auf Zeit« (s. S. 174 ff.).

Beten und Business

Alle Orden basieren auf einer Regel, die das Selbstverständnis und die besonderen Aufgaben widerspiegelt. Diese bestimmt den Lebensrhythmus der klösterlichen Gemeinschaft. So ist der Tagesablauf der alten Mönchsorden wie Benediktiner, Zisterzienser oder Kartäuser heute wie im Mittelalter durch die Zeiten für das gemeinsame Stundengebet gegliedert. Gemeinsame Gebetszeiten und individuelle Meditations-, Studien- oder Ruhezeiten sowie aktive Arbeitsphasen im Kloster, im Garten oder in einem bürgerlichen Beruf wechseln im Rhythmus von *ora et labora*.

Kloster Andechs in Oberbayern ist ein Beispiel dafür, dass sich klösterliches Leben und modernes wirtschaftliches Denken nicht ausschließen müssen. Letztendlich auch nicht ausschließen dürfen, denn Ordensgemeinschaften erhalten keine Kirchensteuern – anders als im Mittelalter. Damals stand ihnen der »Zehnte« der abhängigen Dörfer zu. Heute beziehen Mönche nur Gehälter vom Bistum, wenn sie Seelsorger für Pfarreien stellen. Also müssen Klöster Geld verdienen. Als Unternehmen ist Andechs in allen Sektoren der Wirtschaft tätig: in der Landwirtschaft, in der Produktion (Brauwesen) und im Dienstleistungsbereich (Gastronomie, Seminarzentrum, Pilger- und Wallfahrtswesen) und kann als Wirtschaftsgut die Versorgung und den Unterhalt der Abtei St. Bonifaz in München gewährleisten. Ein spirituelles Zentrum ist Andechs geblieben und der Cellerar des Klosters, verantwortlich für die Andechser Finanzen, ist Manager und Mönch gleichermaßen.

Sieben Mönche zwischen 36 und 80 Jahren leben heute im Kloster Andechs auf dem »Heiligen Berg« hoch über dem Ammersee. Das Kloster ist ein modernes Wirtschaftsunternehmen mit 200 Mitarbeitern, das den benediktinischen

Die Tradition des Bierbrauens wird in vielen Klöstern auch heute noch gepflegt. Abt Johannes Eckert und der Leiter der Andechser Klosterbrauerei, Pater Valentin.

Ein Benediktiner als Medienstar.: Anselm Grün, Benediktiner-mönch der Abtei Münsterschwarzach und zugleich ihr wirtschaftlicher Leiter, trägt Personalverantwortung für rund 300 Mitarbeiter. Außerdem ist er ein gefragter Redner und Managementberater sowie Bestsellerautor. Als »Manager mit Mönchsherz« titulierte die FAZ den Mann, dessen Bücher eine weltweite Auflage von 14 Millionen haben.

Geist des *ora et labora* erfolgreich auf die heutige Zeit übertragen hat. Die Ordensregel bleibt Grundlage des Gemeinschaftslebens.

Der Tagesablauf der Andechser Benediktiner ist zum einen geprägt von gemeinschaftlichen Elementen, zum anderen von Zeiten des persönlichen Gebetes, der Meditation und der Arbeit. Der Tag beginnt um 7 Uhr mit dem Morgengebet, der Laudes. Dazu treffen sich die Mönche in der Chorkapelle des Klosters. Hymnen, Psalmen, Lesungen und Gebete wechseln einander ab. Das Chorgebet mit seinen vertrauten Texten schafft Raum für die Begegnung mit Gott. Nach der Laudes treffen sich die Mönche vor der Chorkapelle zur Tagesbesprechung. Wechselseitig informieren sich die Mönche, welche Aufgaben heute auf jeden einzelnen warten. Ab 7.30 Uhr gibt es Frühstück im Refektorium, dem Speisesaal. Gegen 8 Uhr nehmen die Mönche ihre Arbeit in den verschiedenen Bereichen des Klosters und seiner Wirtschaftsbetriebe auf. Die Benediktiner arbeiten heute in der Pfarr- und Wallfahrtsseelsorge, Mesnerei, Gastmeisterei sowie in der Leitung von Klosterbrauerei und Bräustüberl, im Klostergarten und im Klosterladen sowie in der Kultur- und Veranstaltungs GmbH des Klosters. Kurz vor 12 Uhr unterbrechen die Mönche Ihre Arbeit und kommen für eine Viertelstunde in der Chorkapelle zum Mittagsgebet zusammen – Zeit zum Innehalten in der Tagesmitte. Gemeinsam gehen die Mönche im Anschluss zum Mittagessen ins Refektorium. Ein Segens- bzw. Dankgebet eröffnet und beendet die Mahlzeit. Eine kurze Anbetung in der Chorkapelle schließt sich an. Der Nachmittag ist wieder der Arbeit in den verschiedenen Bereichen vorbehalten.

Gegen 17.45 Uhr beenden die Benediktiner ihren regulären Arbeitstag. Um 18 Uhr versammelt sich die

Zu Besuch bei Frater Konrad im Kloster Banz

In Reiseführern kann man lesen, dass die Benediktinerabtei Banz, die hoch über dem Obermaintal nördlich von Bamberg liegt, mit der Säkularisation aufgelöst wurde und heute als Tagungszentrum genutzt wird. Betritt man allerdings am Sonntagabend die prächtige barocke Abteikirche (Winter: 17 Uhr, Sommer: 18 Uhr), wird man verwundert innehalten: Gregorianischer Chorgesang schallt aus dem abgeschlossenen Chorraum ins Kirchenschiff. Zu sehen ist nichts, viele Stimmen sind es auch nicht, dafür singen sie aber kräftig und voller Inbrunst. Das Geheimnis lüftet sich, wenn man nach der Vesper, dem abendlichen Stundengebet, die Sakristeitür im Auge behält. Sicher machen Frater Konrad oder sein Mitbewohner Pater Bonifaz noch einen letzten Rundgang durch die Kirche, bevor sie das große Portal abschließen. Seit zehn Jahren leben die beiden hier. Sie sind keine Mönche, sondern Benediktiner-Oblaten und unterstehen dem nahegelegenen Benediktinerinnenkloster (!) Kirchschletten. Die Nonnen betreuen inzwischen etwa 50 männliche Benediktineroblaten, von denen zwei hier in Banz ein mönchsähnliches Leben führen. Beide haben keine ewigen Gelübde abgelegt, sich aber dennoch verpflichtet, wie Benediktiner zu leben und Banz die Treue zu halten. Der etwa 40-jährige Frater Konrad ist Theologe und Kirchenmusiker, er hat sich ganz bewusst gegen den Priesterberuf entschieden, um mehr Zeit für die Musik zu haben. Pater Bonifaz betreut als Priester und Gemeindepfarrer zwei Gemeinden der Umgebung. Zweimal wöchentlich liest er die Messe in der eigenen Kirche, meist ist er jedoch unterwegs, um zwei Gottesdienste täglich in den Dörfern seines Gemeindebezirks abzuhalten. Frater Konrad bleibt unterdessen vor Ort, spielt auf der Orgel, kümmert sich um die Kirche, bügelt die Chorgewänder für beide und führt Kirchenbesucher sehr lebendig und mit viel Humor durch die Basilika. Viermal am Tag beten die beiden das Stundengebet zusammen – morgens, mittags, abends und vor dem Schlafengehen. Die Mahlzeiten nehmen sie miteinander ein. Bei so viel Zweisamkeit kann es schon einmal zu Spannungen kommen. »Wie in jeder Familie ...«, scherzt Frater Konrad. Wie gut, dass sich die beiden anschließend durch Chorgebet und Gesang ablenken können.

Gemeinschaft zu Vesper und Eucharistiefeier in der Wallfahrtskirche. Das Abendessen im Anschluss nehmen die Mönche schweigend zu sich. Während der Mahlzeit werden einzelne Kapitel aus der Benediktregel oder aus den Werken geistlicher Schriftsteller vorgelesen. Nach dem Dankgebet tauschen sich die Mönche bei einer offenen Runde, der sogenannten Rekreation, über die Ereignisse des Tages aus. Mit der Komplet, dem Nachtgebet, in der Chorkapelle endet gegen 19.45 Uhr der gemeinsame Tag der Mönche.

Das Klosterleben ist vielfältig. Während so mancher Benediktinermönch mühelos Handy und Choral, Meditation und E-Mail, Gebet und Managementberatung zu verbinden scheint, verweilt der Kartäusermönch in der Stille des Klosters.

Stille und Kontemplation

Ein eisiger Wind streicht über die schneebedeckten Häuser der Kartause. Einsam und abgeschieden liegt La Grande Chartreuse, das Mutterkloster des Schweigeordens der Kartäuser, inmitten der französischen Alpen. Die Glocken läuten zum Gebet und die Mönche in weißen Kapuzenmänteln schreiten durch den Kreuzgang zur Kirche – achtmal am Tag. Nur Gebet und gregorianische Gesänge durchbrechen die Stille. Hoch oben am Himmel zeugt ein Flugzeug von der Schnelllebigkeit der modernen Zeit, hinter den Mauern von Grande Chartreuse scheint die Zeit stehen geblieben zu sein. Die Mönche beten voller Inbrunst wie vor rund 1000 Jahren, als der hl. Bruno von Köln einen der strengsten Orden des Christentums ins Leben rief. Nur einmal in der Woche brechen die Ordensbrüder auf einem Spaziergang ihr Schweigen – Zeit zum Austausch über praktische Dinge und zum vertraulichen Gespräch.

Das Leben der Kartäuser im 21. Jahrhundert fing der Filmemacher Philip Gröning in seinem Film »Die Große Stille« ein, der 2005 in die Kinos kam. Nach 16 Jahren des Wartens erhielt Gröning als erster Regisseur überhaupt die Erlaubnis, das Klosterleben zu filmen und teilte sechs Monate lang das karge Leben der Mönche. Auf künstliches Licht, zusätzliche Musik und Kommentare musste Gröning verzichten. Das Ergebnis: ein einzigartiges Dokument über das Mönchsleben in seiner reinsten Form.

Wirken in der Welt

Orden und Kongregationen in der Tradition der Bettelorden wie Franziskaner oder Kapuziner widmen sich vielfach Aufgaben, die sie nur außerhalb des Klosters erfüllen können. Sie arbeiten als Erzieher, Lehrer und Dozenten an Ordensschulen, Ordenshochschulen oder Ordensinternaten; sie betreuen als Schwestern oder Pfleger alte und kranke Menschen; sie kümmern sich um Obdachlose, Suchtkranke und vernachlässigte Kinder – Menschen am Rande der Gesellschaft; sie predigen das Wort Gottes und sind in der Gemeindeseelsorge tätig;

sie unterstützen als Missionare tatkräftig Entwicklungsprojekte in aller Welt. Wieder andere Ordensgemeinschaften wie die Jesuiten kennen gar keine Klöster und kein Gemeinschaftsleben. Ihre Mitglieder leben »mitten in der Welt« und tragen keine Ordenstracht.

Trotz aller Unterschiede: Die Suche nach Gott ist Antrieb der Benediktinermönche auf dem »Heiligen Berg« in Andechs, der Kartäusermönche in der Grande Chartreuse oder der Franziskanermönche, die bei den Ärmsten der Armen in aller Welt internationale Solidarität leben.

Kloster zum Schnuppern

Faszinierend und fremd zugleich ist für viele Menschen die Welt der Klöster. Glücklicherweise sind die Möglichkeiten der unverbindliche Annäherung heute vielfältig. Die Klöster haben sich geöffnet und haben gelernt – nicht selten aus wirtschaftlicher Not heraus – sich zu vermarkten. Im touristischen Bereich haben Klöster Hochkonjunktur: Sie präsentieren ihre Kunstschätze, organisieren Konzerte in historischem Ambiente, laden ein zum Bummel über Klostermärkte oder zum Besuch von Klostergaststätten und Klosterläden, in denen Klosterweine, Klosterbiere, Klosterliköre oder Klosterkonfitüren aus den hauseigenen Kellereien, Brauereien oder Obstgärten angeboten werden.

Für Liebhaber der Architektur- und Kunstgeschichte gehörten Klöster schon immer zu den beliebtesten Zielen – keine Frage. Das ehemalige Zisterzienserkloster Maulbronn, ein Juwel mittelalterlicher Baukunst, wurde von der UNESCO zum Weltkulturerbe erklärt wie auch die Klosterinsel Reichenau im Bodensee oder das Kloster St. Johann

Klosterladen in Chalais.

Die Abtei Cîteaux ist berühmt für ihren handwerklich produzierten Käse.

Müstair im Südost-Zipfel der Schweiz, dessen Wurzeln bis ins 8. oder frühe 9. Jahrhundert zurückreichen. Kloster Eberbach im Rheingau ist ein beliebtes Ausflugsziel – vor allem seit in der einstigen Zisterzienserabtei in den 1980er Jahren der Klosterthriller »Der Name der Rose« nach Umberto Ecos gleichnamigem Roman verfilmt wurde und Sean Connery als Franziskanermönch William von Baskerville durch den Kreuzgang streifte. Höhepunkte barocker Baukunst sind viele Klöster der Gegenreformation in Bayern und Österreich.

Aber auch Klostergärten sowie Klostermedizin erleben eine Renaissance. Traditionell gehörte zu jedem Kloster ein Garten für Gemüse und Gewürzkräuter, aber auch für Heilpflanzen, die Mönche und Nonnen mit viel botanischem Sachverstand über Jahrhunderte hinweg kultivierten.

Die Heilkunde der Mönche und Nonnen

Bereits im St. Galler Klosterplan wurde das Ideal des Klostergartens beschrieben und Standardwerke der Kräuterheilkunde wie das »Lorscher Arzneibuch« aus dem Kloster Lorsch bei Worms (Ende 7. Jh.) wurden schon im frühen Mittelalter geschrieben. Die Klostergärten waren Horte medizinischen Wissens und Ordensmitglieder schrieben die Geheimnisse der Heilpflanzen nieder und hüteten sie in Bibliotheken wie Schätze – so die Aufzeichnungen des Mönchs Wahlafrid Strabo aus dem Kloster Reichenau am Bodensee. Nach der Erfindung des Buchdrucks, Mitte des 15. Jahrhunderts, verbreitete sich das klösterliche Wissen schnell und fand großen Anklang in weiten Teilen der Bevölkerung. In den 1980er und 1990er-Jahren erlebte die Naturheilkunde und damit das alte Wissen der Klöster eine Renaissance. Die Forschungsgruppe

»Klostermedizin« am Institut für Geschichte der Medizin in Würzburg besteht aus Medizinern, Botanikern, Chemikern, Pharmazeuten und Historikern und hat sich, unterstützt von der Pharmaindustrie, zum Ziel gesetzt, die Schätze der Klosterheilkunde wieder auszugraben. Dazu wird aus dem Lateinischen übersetzt. Pflanzen werden identifiziert und ihre Wirkstoffe analysiert. Systematisch will man die alten Erkenntnisse der Mönche und Heilkundler erfassen und wissenschaftlich aufbereiten. Das historische Wissen der Klosterheilkunde soll für moderne Therapien genutzt werden.

Unkrautjäten für die Klostermedizin: Ein Mönch im Garten von Kloster Marienberg, Burgeis, Südtirol.

Urlaub oder Fortbildung im Kloster

Auch Urlaub oder Fortbildung im Kloster sind Möglichkeiten der Annäherung an das Klosterleben. Einige Klöster haben sich zu Seminarzentren mit hervorragendem Ruf entwickelt. In anderen Klöstern steht die Erholung im Vordergrund. Einige Ordenssitze bieten Wellnessbehandlungen, spirituelle Anleitung oder Kreativseminare und dazu oft eine schöne Umgebung sowie kunsthistorische Schätze, die erkundet werden wollen.

Das Frauenkloster auf der Fraueninsel
Schon allein die Lage ist einzigartig – das Benediktinerinnenkloster Frauenwörth liegt auf der kleinen Fraueninsel mitten im Chiemsee. Ein oberbayerisches Paradies. Neben dem Nonnberg in Salzburg ist Frauenwörth außerdem das älteste noch bestehende deutschsprachige Frauenkloster nördlich der Alpen. Die rund 30 Ordensschwestern unterhielten bis 1995 eine Internatsschule, die sie 1995 schweren Herzens schließen mussten. Seither widmen sich die Schwestern der Erwachsenenbildung und haben mit großem Erfolg ein Seminarzentrum aufgebaut. Die Abgeschiedenheit der Insel, die ehrwürdigen Klostermauern und der herrliche Klostergarten sind die perfekte Umgebung, um sich mit biblischen Themen, Meditation, Aquarellmalen, aber auch Fernöstlichem wie Yoga, Ayurveda oder Qi Gong zu beschäftigen. Seminare zur Lebenshilfe oder für Herzpatienten ergänzen das Programm.

Ein Wellness-Kloster am Rhein

Kloster Arenberg bei Koblenz, in dem rund 200 Dominikanerinnen zuhause sind, hat seit Langem Erfahrung mit dem Gesundheitstourismus. Viele Jahre lang hatte man ein Kneippsanatorium betrieben, das in die Jahre gekommen und kaum noch rentabel war. Die finanzielle Not machte die Schwestern erfinderisch und Kloster Arenberg wurde zum Wellness-Kloster: Tautreten und Nordic Walking, Aquafitness und Gerätetraining gehören zum Angebot. Aber auch der Geist kommt nicht zu kurz: Neben Ikebana und Kräuterkunde können die Gäste Kurse in christlicher Meditation belegen, an Andachten oder Gesprächskreisen teilnehmen. Und: In den komfortablen Einzel- und Doppelzimmern sind sogar Männer willkommen.

Kloster auf Zeit

Immer häufiger sind Ordensmitglieder Gastgeber für Menschen, die für ein paar Tage oder Wochen den Rhythmus der Mönche und Nonnen teilen möchten.

Seit einigen Jahren boomt die Auszeit im Kloster, doch ganz so neu ist die Idee gar nicht. In einigen buddhistischen Ländern ist es üblich, dass junge Männer ein paar Monate im Kloster verbringen und dass Unternehmer oder Politiker vor wichtigen Entscheidungen die klösterliche Einsamkeit aufsuchen, um dort die nötige Ruhe und Inspiration zu finden. Warum, fragte sich bereits 1962 ein Münchener Bauunternehmer, sollte das nicht auch in Europa möglich sein. Im Kloster Niederaltaich zwischen Regensburg und Passau wurde auf seine Anregung hin bald darauf das Projekt »Kloster auf Zeit« geboren. Mehrmals im Jahr empfängt das Kloster seither Gäste, die sich für einige Tage dem Klosterrhythmus unterordnen, um aufzutanken. Das Projekt machte Schule und inzwischen nehmen viele Klöster Gäste auf. Einige ha-

Die Ruhe und Abgeschiedenheit des Klosterlebens mit seinem strukturierten Tagesablauf wirkt beruhigend auf gestresste Zeitgenossen.

ben sich allein aus finanziellen Gründen geöffnet – leer stehende Klosterzellen kosten schließlich Geld. Es lag nahe, sie in Gästezimmer zu verwandeln. So manche Klostergemeinschaft war zunächst skeptisch und besorgt, die Fremden könnten die Stille und Ruhe des Klosters stören, doch insgesamt sind die Erfahrungen für Ordensgemeinschaften und für Gäste positiv.

Nach einem Umweg über indische Ashrams und japanische Zen-Klöster haben viele Suchende die Wurzeln der eigenen christlichen Kultur entdeckt. Zunehmend ziehen sich Menschen für eine mehr oder weniger lange Zeit hinter Klostermauern zurück. So mancher stressgeplagte Manager findet hier, was er für Geld nicht kaufen kann: Stille, die nicht vom Klingeln eines Mobiltelefons unterbrochen wird. Aber auch Schlichtheit statt Reizüberflutung oder Entschleunigung in unserer Zeit der Geschwindigkeitsrekorde wünschen sich mehr und mehr Menschen. Ein paar Tage oder Wochen des Atemholens bei Muße und Meditation, Schweigen oder geistlichen Gesprächen, Exerzitien oder Gebeten können helfen, wieder zu sich oder zu Gott zu finden. Hinter Klostermauern fällt es oft leichter als im Alltag, Lebens- und Sinnkrisen zu bewältigen.

Benedikt von Nursias *ora et labora* mahnt zum Gleichgewicht von Betätigung und Kontemplation, zwischen Arbeit und Muße oder – wie wir es heute nennen – zur Work-Life-Balance. Die Benediktiner kennen das Geheimnis der rechten Balance seit 1500 Jahren. Bedeutet »Kloster auf Zeit«

Exerzitien

Exerzitien sind geistliche Übungen, die auf den hl. Ignatius von Loyola zurückgehen. Der Gründer der Gesellschaft Jesu wollte seine eigenen geistlichen Erfahrungen anderen zugänglich machen und lud interessierte Glaubensbrüder ein, sich für einige Zeit zurückzuziehen und unter seiner Anleitung zu beten. In ihrer Grundform dauern die Exerzitien des Ignatius vier Wochen. Eine Kurzvariante – die Exerzitien für den Alltag – erlebt seit Mitte der 1990er-Jahre eine Renaissance und gehört längst zum Programm vieler Klöster. Mittlerweile haben Interessenten die Qual der Wahl zwischen Einzelexerzitien, Gruppenexerzitien für Männer oder Frauen, Schweigeexerzitien, Wanderexerzitien, christlichen Zen-Meditationstagen u. v. m. Fast schon Kultcharakter haben Exerzitien für Manager. So manche Führungskraft aus der Wirtschaft ist Stammgast im Kloster. Die Teilnehmer der Besinnungstage sind Gäste in der Klausur des jeweiligen Klosters und teilen den Lebensrhythmus der Mönche von Gebets-, Arbeits- und Essenszeiten – eine Chance, eigene Lebens- und Arbeitsstrukturen zu hinterfragen und zur Ruhe zu kommen.

Klostergäste sind gern gesehene Helfer bei den landwirtschaftlichen Arbeiten, vor allem bei der Ernte.

ganz einfach, dass Männer oder Frauen das Leben der Mönche für eine bestimmte Zeit teilen – so ist die Auswahl von Klöstern, die auch Programme anbieten, inzwischen groß: Männer wie Frauen können je nach Vorlieben und Zielen zwischen Exerzitienhäusern, Meditationszentren oder Klöstern mit ausgefeiltem Seminarprogramm wählen. Wer mit einem Klosteraufenthalt liebäugelt, sollte seine Bedürfnisse kennen und bereit sein, sich mindestens eine Woche, besser zwei Wochen auf ein neues Leben einzulassen. Der Klosterrhythmus ist anders: Die Tage im Kloster beginnen früh und enden früh. Auch die Stille überfordert manchen Besucher.

Wie weit man am Leben der Mönche und Nonnen teilnehmen kann, hängt vom Orden ab, aber auch von der Bereitschaft der Gäste. An der täglichen Arbeit im Kloster müssen sich Besucher nicht beteiligen, aber die Mithilfe wird gern gesehen. Einfache Handarbeit – Unkraut jäten, Kartoffeln schälen oder Obst pflücken – kann beruhigen und erfüllen und nicht zuletzt ergeben sich bei der gemeinsamen Arbeit Gespräche mit den Gastgebern.

Während der Gebetszeiten ruht der übrige Klosterbetrieb der Mönche und Schwestern. Niemand wird gezwungen, an den Gebeten teilzunehmen, aber wer das Klosterleben wirklich kennenlernen möchte, sollte zumindest einmal während des Aufenthalts den Tagesablauf der Brüder und Schwestern teilen.

Benedikt und die Gäste

Alle Fremden, die kommen, sollen aufgenommen werden wie Christus; denn er wird sagen: »Ich war fremd und ihr habt mich aufgenommen.« (Benediktregel, Kapitel 53)

Der Weg ins evangelische »Kloster auf Zeit«

Seit Mitte des 20. Jahrhunderts gehören christliche
Klöster nicht mehr nur der katholischen oder orthodoxen Welt an. Seitdem wurden in Deutschland eine
Reihe von Kommunitäten gegründet, evangelische
Klöster, in denen Brüder oder Schwestern wie die katholischen Mönche und Nonnen in der Nachfolge Jesu
Christi ein geweihtes Leben führen (s. S. 132). Immer
häufiger gehen auch evangelische Christen auf die Suche nach dem Sinn des Lebens, nach mehr Spiritualität
und Rückzug. Für Aufenthalte im »Kloster auf Zeit«
sind die meisten Kommunitäten bestens eingerichtet.
Viele evangelische Gemeinschaften haben ehemalige
katholische Klosteranlagen bezogen, diese renoviert
und führen heute dort den mittelalterlichen Geist der
Verinnerlichung fort.

Berühmt ist das Kloster Loccum in Niedersachsen, ein
ehemaliges Zisterzienserkloster, das Ende des 16. Jahrhunderts evangelisch wurde. Die Mönche blieben dort,
sie wechselten nur die Konfession. Bis heute gibt es
in Loccum evangelische Zisterzienser. Man kann bei
ihnen im »Kloster auf Zeit« wohnen oder auch an einer spirituellen Tagung der Evangelischen Akademie
Loccum teilnehmen. Im niedersächsischen Kloster
Barsinghausen nahe Hannover leben sechs Schwestern der diakonischen Schwesternschaft Wolmirstedt
seit 1996 im ehemaligen Augustinerkloster in Kom-

Meditation im Edith-
Stein-Exerzitienhaus im
Benediktinerkloster auf
dem Michaelsberg in
Siegburg.

Wie finde ich das richtige Kloster?
Bevor man sich für einen Orden und ein bestimmtes Kloster entscheidet, sollte man sich gut informieren. Hilfestellung bieten Internetseiten (www.orden.de, www.orden-online.de, www.ekd.de/kloster, www.kloesterreich.at, www.kath.ch/kloster_auf_zeit) oder die Broschüre »Atem holen«, die herausgegeben wird von der Vereinigung der Ordensoberinnen Deutschland und der Vereinigung Deutscher Ordensobern (zu beziehen über www.orden.de).

munität. Dort kann man für eine gewisse Zeit den Alltag der Schwestern teilen oder an kürzeren Einkehrtagen teilnehmen. Die Jesus-Bruderschaft Gnadenthal betreibt gleich zwei klösterliche Zentren: Kloster Gnadenthal liegt im Taunus bei Hünfelden und ist eine alte Zisterzienserinnenabtei, Kloster Volkenroda in Thüringen ist ebenfalls eine ehemalige Zisterzienserabtei, die Kirche gar die älteste Zisterzienserkirche Deutschlands. Beide Klöster bieten ein Mitleben auf Zeit, Einkehr und Fastentage und vieles mehr in ihren spirituellen Programmen.

Die Christusbruderschaft in Selbitz bei Hof wird von der bayerischen Landeskirche inzwischen als Kompetenzzentrum für Spiritualität anerkannt. Die Angebote der Kommunität für Menschen, die zur inneren Ruhe kommen möchten, sind vielfältig. 1994 zogen einige Schwestern der Christusbruderschaft nach Niedersachsen ins alte Kloster Wülfinghausen, ein Augustinerinnenkloster aus dem 13. Jahrhundert. Seit 1999 bewohnen Brüder der Gemeinschaft das Kloster Petersberg bei Halle, ein ehemaliges Augustinerchorherrenstift mit einer romanischen Kirche aus dem 12. Jahrhundert. Überall ist das zeitweise Mitleben in einfachen Gästezimmern möglich. Eines der umfangreichsten Programme für Menschen, die nach christlich-spiritueller Orientierung suchen, bietet die Communität Casteller Ring auf dem Schwanberg bei Würzburg: Das Geistliche Zentrum Schwanberg betreibt ein Einkehr- und Meditationshaus und mit dem Schloss Schwanberg auch eine große Tagungsstätte.

Die Wahl des Ordens und des Klosters

Die meisten Ordensgemeinschaften, die in klassischen Klöstern leben – u. a. Benediktiner, Dominikaner, Franziskaner, Kapuziner oder die entsprechenden Frauengemeinschaften wie die Klarissen – haben sich für Gäste geöffnet. In Orden mit Schweigegebot (Trappisten) ist die Klausur Mönchen vorbehalten. Diese Klöster bieten besondere spirituelle Erfahrungen, ein kontemplativer Orden ist aber nicht für jeden Suchenden der richtige Platz. Ein Übermaß an Stille und Schweigen kann Ängste auslösen. Auch ein Überfluss an Zeit kann für Menschen im beruflichen Dauerstress eine Herausforderung sein. Hier kann ein regelmäßiger Rhythmus, wie ihn die Gebetszeiten in den alten Mönchsorden vorgeben, hilfreich sein, die Klosterzeit zu strukturieren. Orden, die praktische Seelsorge betreiben, missionieren, unterrichten oder heilen wie Franziskaner und Dominikaner nehmen seltener Gäste auf. Die Jesuiten unterhalten keine Klöster.

Auch die Kosten sind unterschiedlich. Haben einige Klöster feste Übernachtungspreise, so vergeben andere Gemeinschaften auch kostenlos Zimmer, wenn Gäste sich aktiv mehrere Stunden an der täglichen Arbeit beteiligen. Teurer sind Klosteraufenthalte mit Programm – Vorträge, Kurse etc. Ist ein aktives Klosterleben nur in Klöstern mit Gemeinschaften des eigenen Geschlechts möglich, so nehmen andere Klöster auch in eigenen Gästehäusern Paare oder Familien auf.

Nicht in allen Klöstern nehmen die Gäste die Mahlzeiten gemeinsam mit den Monchen oder Nonnen im Refektorium ein.

Glossar

Abt/Äbtissin
(von hebr. abba und lat. *abbas*, Vater) Vorsteher/in einer Abtei, meist vom Konvent frei gewählt, früher auch häufig vom Bischof oder König eingesetzt.

Abtei
Kloster, dem ein Abt/eine Äbtissin vorsteht; üblich vor allem bei den alten Mönchsorden und den Regularkanonikern.

Anachoret
Mensch, der abgeschieden von der Gesellschaft lebt, um sich ganz auf Gott und den Glauben zu besinnen.

Askese
Freiwilliger Verzicht, um religiöse und geistige Ziele zu erreichen.

Brevier
Auch Stundenbuch genannt. Enthält die Texte für die Stundengebete der katholischen Kirche.

Chor
Altarraum der Kirche, der früher nur dem Klerus vorbehalten war. Er war im Mittelalter häufig durch einen Lettner vom Schiff abgegrenzt.

Consuetudines
Schriftliche Ergänzung und Auslegung der eigentlichen Regel eines Klosters.

Cuius regio, eius religio
Wessen Land, dessen Religion. Grundsatzentscheidung des Augsburger Religionsfriedens 1555.

Eremiten
Einsiedler

Eucharistie
Abendmahl als eines der christlichen Sakramente; wird im Rahmen eines feierlichen Gottesdienstes vollzogen.

Evangelische Räte
Den Evangelien gemäße Weisungen (Räte), die Jesus jenen Jüngern gab, die er für berufen hielt: Armut, Keuschheit und Gehorsam. Bestandteil der Gelübde der christlichen Ordensgemeinschaften.

Exerzitien
Zeiten des intensiven Gebets und der Besinnung; geht zurück auf die geistlichen Übungen des Ignatius von Loyola, Gründers der Jesuiten.

Fegefeuer
Nach röm.-kath. Lehre ein Zustand der Läuterung, in dem die Seele des Verstorbenen auf den Himmel vorbereitet wird.

Fraternität
Im religiösen Bereich eine Gemeinschaft von Geistlichen und/oder Laien, auch Bruderschaft.

Generalkapitel
Versammlung aller Äbte und Äbtissinnen im Zisterzienser- und Trappistenorden.

Gelübde
Auch Profess genannt; feierliches Versprechen eines Novizen, nach den Regeln eines Ordens zu leben und die Evangelischen Räte (Armut, Keuschheit und Gehorsam) einzuhalten.

Habit
Ordensgewand, an dem meist die Zugehörigkeit zu den einzelnen Orden zu erkennen ist.

Häresie
Aus der Sicht der offiziellen Kirchen das Anhängen an Irrglauben.

Häretiker
Anhänger einer Häresie.

Hore
Teil des Stundengebetes der katholischen Kirche.

Illumination
Illustrierung einer Handschrift, fand früher meist im Skriptorium des Klosters statt.

Inquisition
Mittelalterliches Gerichtsverfahren, das zur Bekämpfung von Irrlehren (–> Häresie) eingesetzt wurde.

Koinobiten (Zönobiten)
Mitglieder einer klösterlichen Gemeinschaft im Gegensatz zu den Eremiten.

Kanoniker
Mitglied eines Domkapitels, eines Säkularkanonikerstiftes oder eines Chorherrenordens.

Kapitelversammlung
Früher tägliche, heute regelmäßige Versammlung der Mönche oder Nonnen im Kapitelsaal des Klosters.

Ketzer
Abwertende Bezeichnung der Kirche für Irrgläubige.

Klausur
Der abgeschlossene Bereich eines Klosters, der in der Regel nur für Ordensangehörige zugänglich ist.

Kleriker
Geistlicher in der katholischen Kirche, der sich durch Weihen von den Laien unterscheidet.

Kloster
Gebäudekomplex, in dem Nonnen oder Mönche nach einer bestimmten Regel zusammenleben.

Kommunität
Geistliche Gemeinschaften, in denen Christen nach verbindlichen Ordnungen zusammen leben; wird als Begriff häufig von der evangelischen Kirche gebraucht.

Kongregation
Zusammenschluss mehrere selbstständiger Klöster eines Ordens zu einem Verband.

Kontemplation
Geistiger Weg, der in Ruhe und Beschaulichkeit eine Be-

Glossar

wusstseinserweiterung an-
strebt.

Konvent
Gesamtheit der stimmbe-
rechtigten Mitglieder eines
Klosters.

Konversen
Laienmitglieder eines Klosters, die weniger strenge Gelübde als die Mönche oder
Nonnen ablegen.

Kreuzzüge
Religiös motivierte Kriege zur
Ausbreitung des Christen-
tums oder zur Befreiung
christlicher Stätten aus der
Hand der »Ungläubigen«.

labor manuum
Handarbeit; wichtiger Be-
standteil des Klosterlebens,
aus der Benediktregel abgeleitet.

Laienbrüder
–> Konversen

lectio divina
Individuelle Lesung bibli-
scher oder anderer religiöser
Texte und Meditation dazu.

Liturgie
Gestalteter Gottesdienst
durch eine festgesetzte Anzahl von Ritualen.

Misericordien
Verbreiterungen auf der Unterseite der hochgeklappten
Chorstühle, damit sich die
Mönche oder Nonnen beim
langen Stehen aufstützen
können; oft kunstvoll ge-
schnitzt.

Mönch
Asketisch lebendes Mitglied
eines Ordens, das sich
durch ein lebenslanges
Gelübde diesem verpflichtet
hat.

Mystik
Gefühlsbetonte Suche nach
Gott und Aufgehen in Gott
oder im Göttlichen.

Nonne
Weibliches Pendant zu
–> Mönch

Novize
Person, die sich in der Ausbildung zum Ordensmitglied
befindet.

Oblate
Früher dem Kloster darge-
brachtes Kind, heute Or-
densangehöriger, z.B. Be-
nediktiner-Oblate (Angehöri-
ger des dritten Ordens der
Benediktiner).

opus dei
Gotteslob, im Kloster Gottes-
dienst, speziell Chorgebet,
Chorgesang und Messe.

Orden
Lebensgemeinschaft von
Männern oder Frauen, die
von einer Regel bestimmt
wird.

Ordensregel
Schriftliche Zusammenfas-
sung aller Ziele und Regeln,
die die Lebensgrundlage einer religiösen Ordensgemeinschaft bilden.

Prior/Priorin
Klösterliches Amt; in Klöstern mit Abt ist es der Stellvertreter, in Klöstern ohne
Abt der Klostervorsteher.

Priorat
Ein von einer Abtei abhängi-
ges Kloster, von einem Prior
oder einer Priorin geleitet.

Profess
–> Gelübde

Regularkanoniker
Mitglieder einer Kathedral-
oder Stiftskirche, die die
Priesterweihe erlangt haben,
nach einer Ordensregel leben und ein Ordensgelübde
abgelegt haben; auch Chorherren (z. B. Augus-
tiner-Chorherren und Prä-
monstratenser).

Regularkleriker
Mitglieder katholischer Ordensgemeinschaften, die im
16./17. Jahrhundert im Zuge der katholischen Erneuerungsbewegung entstanden

sind. Sie leben nicht zurückgezogen wie Mönche, son-
dern gehen mit ihrer vorwie-
gend seelsorgerischen Tätig-
keit in die Öffentlichkeit
(z. B. Jesuiten).

Säkularisation
Enteignung kirchlicher Besitztümer durch weltliche Machthaber.

Säkularisierung
Verweltlichung und Lösung
der früheren engen Bindung
an die Religion.

Simonie
Kauf oder Verkauf kirchlicher
Ämter, Pfründen und Reli-
quien.

Skriptorium
Schreibstube im Kloster.

Stift
Mit Grundvermögen ausge-
stattetes Dom-, Kollegiats-
oder Klosterkapitel. In Österreich die übliche Bezeichnung für Benediktinerabteien
und Chorherrenklöster.

Stundenbuch
–> Brevier

Stundengebet
Tageszeitengebet der katholischen Kirche, das früher
achtmal am Tag, heute in
den meisten Orden nur noch
fünfmal gebetet wird.

Theologie
Wissenschaftliche Ausein-
andersetzung mit dem
Glauben.

Tonsur
Geschorene Stelle auf dem
Hinterkopf als Zeichen der
Zugehörigkeit zum katholi-
schen Klerus. Inzwischen
vom Papst abgeschafft.

Zölibat
Von der katholischen Kirche
vorgeschriebenes Verspre-
chen, sich zur Ehelosigkeit
zu verpflichten.

Besuchenswerte Klöster in Deutschland, Österreich, der Schweiz und Südtirol. Die Adressangaben stehen bei der ersten Nennung des Klosters.
* Kloster in Betrieb

ARCHITEKTUR & KUNST

Kartäuserkloster Buxheim
87740 Buxheim
Tel. 08331-97700
www.heimatdienst-buxheim.de
Das am besten erhaltene Kartäuserkloster Deutschlands liegt bei Memmingen im Allgäu und kann besichtigt werden (in den Wintermonaten nur im Rahmen von Führungen).

Kloster Corvey
37671 Höxter
Tel. 05271-694010
www.schloss-corvey.de
Das einst bedeutende karolingische Kloster besitzt das älteste erhaltene Westwerk, das noch aus dem 9. Jahrhundert, der Zeit der Erbauung der ersten Abteikirche, stammt. Die heutige Kirche ist ebenso wie die meisten übrigen Klostergebäude barock.

Zisterzienserabtei Kloster Eberbach
65346 Eltville im Rheingau
Tel. 6723-9178100
www.klostereberbach.de
Mönchisches Leben gibt es hier nicht mehr, dafür durchstreifte Sean Connery als William von Baskerville während der Dreharbeiten zum Kinoerfolg »Der Name der Rose« die einstige Zisterzienserabtei im Rheingau. Die Klosterbauten aus dem 12.-14. Jh. machen Eberbach zu einem mittelalterlichen Gesamtkunstwerk. Interessante Themenführungen – auch für Kinder.

Benediktinerinnenabtei Frauenchiemsee*
83256 Frauenchiemsee
Tel. 08054-9070
www.frauenwoerth.de
Auf der kleinen Fraueninsel im Chiemsee liegt die älteste noch bestehende Nonnenabtei Deutschlands. Zu besichtigen sind die Kirche und die Torhalle aus karolingischer Zeit.

Evangelisches Kloster Loccum*
31547 Rehburg-Loccum
Tel. 05766-96020
www.kloster-loccum.de
Das einstige Zisterzienserkloster wurde um 1600 evangelisch, die Zisterziensermönche blieben, nahmen jedoch den neuen Glauben an. Die Anlage gehört zu den besterhaltenen Klöstern Deutschlands, viele der Bauten sind spätromanisch und gotisch.

Kloster Lorsch
64663 Lorsch
Tel. 06251-103820
www.kloster-lorsch.de
Das ehemalige Benediktinerkloster, das im 8. Jahrhundert gegründet wurde, war einst als Reichskloster eines der großen geistigen Zentren des Hochmittelalters. Heute gibt es nur noch wenige Spuren aus dieser Zeit. Überragendes Baudenkmal ist die Tor- oder Königshalle, das einzige vollständig erhaltene Baudenkmal der Karolinger-Zeit.

Benediktinerabtei Maria Laach*
56653 Maria Laach (Eifel)
Tel. 02652-590
www.maria-laach.de
Die sechstürmige Pfeilerbasilika aus dem 11.-13. Jh. gilt als eines der schönsten Denkmäler romanischer Baukunst der Salierzeit.

Zisterzienserabtei Maulbronn
75433 Maulbronn
Tel. 07043-926610
www.maulbronn.de
Die am besten erhaltene mittelalterliche Klosteranlage nördlich der Alpen. Zählt zum UNESCO-Weltkulurerbe

Benediktinerabtei Ottobeuren*
87724 Ottobeuren
Tel. 08332-7980
www.abtei-ottobeuren.de
Im barocken Monumentalbau von Ottobeuren (Unterallgäu) erklingt seit mehr als 1200 Jahren das Gotteslob der Mönche. Neben der Kirche sind die Prunkräume zu besichtigen.

Zisterzienserinnenabtei Waldsassen*
95652 Waldsassen
Tel. 09632-92000
www.abtei-waldsassen.de
Sehenswert ist vor allem die berühmte Barockbibliothek.

Benediktinerabtei Weltenburg*
93309 Kelheim/Donau
Tel. 09441-2040
www.kloster-weltenburg.de
Grandiose Lage am Donaudurchbruch und eine Klosterkirche der Gebrüder Asam.

Benediktinerstift Göttweig*
A-3511 Furth bei Göttweig
Tel. 0043-2732-85581332
www.stiftgoettweig.at
Das »österreichische Montecassino« wurde 2001 ge-
meinsam mit der Kulturland-
schaft Wachau, dem Stift
Melk und der Altstadt von
Krems in die Weltkulturerbe-
liste der UNESCO aufgenommen. Barocke Stiftsanlage
mit Bauresten aus dem Mittelalter.

Benediktinerstift Melk*
A-3390 Melk
Tel. 0043-2752-555225
www.stiftmelk.at
Grandioses Barockensemble
hoch über der Donau.

**Benediktinerstift
St. Blasius***
A-8911 Admont
Tel. 0043-3613-23120
www.stiftadmont.at
Prunkstück des Klosters ist
die größte Stiftsbibliothek
der Welt mit 70.000 restau-
rierten Büchern, Deckenfres-
ken und Skulpturen des 18.
Jahrhunderts.

**Benediktinerabtei
Einsiedeln***
Ch-8840 Eindsiedeln
Tel. 0041-55-4186111
www.kloster-einsiedeln.ch
Beeindruckende Barockan-
lage.

**Benediktinerinnenpriorat
Kloster St. Johann***
Ch-7537 Müstair
Tel. 0041-81-8516223
www.muestair.ch
Fresken aus karolingischer
Zeit, eine gotische Kirche
und barocke Bauten zeugen
von 1200 Jahren Klosterge-
schichte. Seit 1983 UNES-
CO-Weltkulturerbe.

KLÖSTERGÄRTEN

**Benediktinerinnenabtei
Frauenchiemsee***

**Benediktinerinnenabtei
zur hl. Maria***
36037 Fulda
Tel. 0661-90245-0
www.abtei-fulda.de

**Ehemalige
Benediktinerabtei
Seligenstadt**
63500 Seligenstadt
Tel. 06182-22640
http://www.schloesser-
hessen.de

**Waldbreitbacher Franziska-
nerinnen BMVA***
St. Marienhaus
56588 Waldbreitbach
Tel. 02638-81-0
www.waldbreitbacher-
franziskanerinnen.de

Benediktinerstift Admont*
A- 8911 Admont
Tel. 0043-3613-2312-0
www.stiftadmont.at

Benediktinerstift Altenburg*
A-3591 Altenburg
Tel. 0043-2982-3451
www.stift-altenburg.at

**Prämonstratenser-Chor-
herrenstift Geras***
A-2093 Geras/Waldviertel
Tel. 0043-2912-345200
www.stiftgeras.at

Benediktinerstift Göttweig*

KULINARISCHE ERLEBNISSE

**Benediktinerkloster
Andechs***
82346 Andechs
Tel. 08151/3760
www.kloster-andechs.de

**Kloster Benediktbeuern
(Salesianer Don Boscos)***
83671 Benediktbeuern
Tel. 08857-880
www.kloster-benedikt-
beuern.de

Benediktinerabtei Ettal*
82448 Ettal
Tel. 08822-740
www.kloster-ettal.de

**Zisterzienserstift Heiligen-
kreuz***
A-2532 Heiligenkreuz
Tel. 0043-2258-87030
www.stift-heiligenkreuz.at

**Zisterzienserinnenabtei
St. Marienthal***
02899 Ostritz
Tel. 035823-77237
www.kloster-marienthal.de

**Prämonstratenser-Chorher-
renstift Geras**
A-2093 Geras/Waldviertel
Tel. 0043-2912-345200
www.stiftgeras.at

Zisterzienserstift Zwettl*
A-3910 Zwettl
Tel. 0043-2822-2020241
www.stift-zwettl.at

Benediktinerstift Altenburg*
A-3591 Altenburg
Tel. 0043-2982-3451
www.stift-altenburg.at

URLAUB IM KLOSTER/ KLÖSTER IM SEMINAR- BETRIEB

Birgittenkloster Altomünster*
85250 Altomünster
Tel. 08254-8235
www.st-alto-st-birgitta.de

Benediktinerkloster Andechs*

Dominikanerinnenkloster Arenberg*
56077 Koblenz
Tel. 0261-64010
www.kloster-arenberg.de

Kloster Benediktbeuren (Salesianer Don Boscos)*

Benediktinerinnenabtei Frauenwörth*
Fraueninsel im Chiemsee
Tel. 08054-9070
www.frauenwoerth.de

Evangelisches Kloster Loccum*
31547 Rehburg-Loccum
Tel. 05766-96020
www.kloster-loccum.de

Benediktinerabtei Ottobeuren*

Benediktinerstift Göttweig*

Augustiner-Chorherrenstift*
Kloster Neustift
I-39040 Vahrn
Tel. 0039-0472-836189
www.kloster-neustift.it

Dominikanerinnenkloster Bad Wörishofen
KurOase im Kloster
86825 Bad Wörishofen
Tel. 08247-9623-0

KLOSTER AUF ZEIT/ EXERZITIEN

Benediktinerabtei Ettal*

Benediktinerinnenkloster Habsthal*
88356 Habsthal
Tel. 07585-656

Zisterzienserkloster Himmerod*
54534 Großlittgen
Tel. 06575-95130
www.kloster-himmerod.de

Trappistenabtei Mariawald*
52396 Heimbach/Eifel
Tel. 02446-95060
www.mariawald.com

Abtei Münsterschwarzach*
(Missionsbenediktiner)
97359 Münsterschwarzach
Tel. 09324-200
www.abtei-muensterschwarzach.de

Zisterzienserinnenabtei Oberschönenfeld*
86459 Gessertshausen
Tel. 08238-96250
www.abtei-oberschoenenfeld.de

Benediktinerabtei Ottobeuren*

Zisterzienserinnenabtei St. Marienthal*
02899 Ostritz
Tel. 035823-77237
www.kloster-marienthal.de

Zisterzienserinnenabtei St. Marienstern*
01920 Panschwitz-Kukau
Tel. 035796-9930
www.marienstern.de

Erzabtei St. Martin (Beuron)*
88631 Beuron
Tel. 07466-170
www.erzabtei-beuron.de

Benediktinerabtei St. Mauritius*
94557 Niederaltaich
Tel. 09901-2080
www.abtei-niederaltaich.de

St. Ottilien (Erzabtei der Missionsbenediktiner)*
86941 St. Ottilien
Tel. 08193-710
www.erzabtei.de

Kapuzinerkloster Stühlingen*
79780 Stühlingen
Tel. 07744-93993
www.stuehlingen.de

Zisterzienserstift Heiligenkreuz*
A-2532 Heiligenkreuz
Tel. 0043-2258-87030
www.stift-heiligenkreuz.at

Benediktinerstift Kremsmünster*
A-4550 Kremsmünster
Tel. 0043-7583-52750
www.stift-kremsmuenster.at

Franziskanerinnenkloster St. Josef*
Ch-6436 Muatathal/Schwyz
Tel. 0041-41-8301114

Communität Casteller Ring*
(evangelisch)
97348 Rödelsee
Tel. 09323-320
www.schwanberg.de

Communität Christus- bruderschaft Selbitz*
(evangelisch)
95147 Selbitz
Tel. 09280-680
www.christusbruderschaft.de

Adressen

Besuchenswerte Klöster in Italien, Spanien und Frankreich

ITALIEN

Dominikanerkloster Santa Maria Novella Florenz

www.smn.it
Das ehemalige Kloster liegt im Nordwesten der Altstadt nahe dem Hauptbahnhof. Sehenswert ist die typische Bettelordenskirche aus dem 13. und 14. Jahrhundert mit einer grün-weißen Marmorfassade des 15. Jahrhunderts. Berühmt sind die Fresken in der Kirche und den Klosterbauten. Sie stammen von bedeutenden Renaissancemalern wie zum Beispiel Filippino Lippi. Die monumentalen Kreuzgänge und andere Klosterräume sind als Museo Comunale di Santa Maria Novella zu besichtigen.

Benediktinerkloster Monte Cassino*

www.officine.it/montecassino
Das Mutterkloster des Benediktinerordens liegt markant auf einem Hügel über dem Ort Cassino zwischen Rom und Neapel. Hier hatte der hl. Benedikt 529 ein erstes Kloster gegründet. Die Bauten aus dem 14. – 18. Jahrhundert wurden alle am 15. 2. 1944 durch alliierte Bombardierung zerstört, später jedoch im alten Stil (Renaissance, Barock) wieder aufgebaut. Zu besichtigen sind drei Kreuzgänge, die Basilika und ein Museum.

Abtei Monte Oliveto Maggiore*

www.monteolivetomaggiore.it
Das 1319 gegründete Mutterhaus der Olivetaner, einer Kongregation des Benediktinerordens, liegt in der Toskana südlich von Siena am oberen Rand eines steilen Tales. Der Baukomplex aus rotem Backstein beherbergt Klosterbauten aus der Renaissance, deren Fresken noch heute so sehr faszinieren, dass die Abtei eine der meistbesuchten in Italien ist. Besonders beeindruckt der Freskenzyklus im Kreuzgang, der das Leben des hl. Benedikt darstellt. Die Kirche besitzt außerdem ein berühmtes Chorgestühl.

San Francesco mit Sacro Convento in Assisi*

www.sanfrancescoassisi.org
Die Kirche und das Kloster liegen am Rand der Ortschaft Assisi im mittelitalienischen Umbrien am Hang des Monte Subasio. Die Stadtväter von Assisi, dem Geburtsort des hl. Franz, erbauten ihm ab 1228, dem Jahr seiner Heiligsprechung, hier seine Grabeskirche. Die Doppelkirche und der Klosterkomplex entstanden in nur 11 Jahren. Großartig sind die weltberühmten Fresken des Malers Giotto di Bondone. Das Mutterkloster der Franziskaner beherbergt heute neben dem Konvent der Mönche ein theologisches Institut, wo Franziskaner und Benediktiner ausgebildet werden.

SPANIEN

El Escorial – Real Sitio de San Lorenzo de El Escorial

www.patrimonionacional.es
Größter Renaissancebau der Welt bei Madrid, Königspalast und Kloster in einem. König Philipp II. ließ den Baukomplex von 1563 - 1584 aus Dank für den Sieg gegen den französischen König Heinrich II. erbauen. Seine Grundfläche wird nur vom Vatikanpalast übertroffen. Noch heute ist die wertvolle Gemäldesammlung des Königs mit Werken von Tizian, El Greco und Hieronymus Bosch zu bewundern.

Zisterzienserabtei Santa Maria in Poblet*

www.monestirs.cat
Das katalanische Kloster, das zwischen Barcelona und Zaragossa liegt, wirkt durch die dreifache Mauer wie eine Festung. Die wichtigsten Gebäude sind gotisch und stammen aus dem 13. – 15. Jahrhundert. Ein besonderer Schatz findet sich in der Abteikirche: Eine Altarrückwand aus Alabaster im Renaissancestil.

Benediktinerabtei Santo Domingo de Silos*

www.abadiadesilos.es
Die Abtei südlich von Burgos wurde schon im 10. Jahrhundert gegründet. Einmalig ist der doppelstöckige romanische Kreuzgang aus dem 11. Jahrhundert, hörenswert auch die gregorianischen Choräle der Mönche beim Stundengebet in der Kirche.

FRANKREICH

Zisterzienserabtei Fontenay

www.abbayedefontenay.com
Die 1119 von Bernhard von
Clairvaux gegründete Zisterzienserabtei ist das besterhaltene Zisterzienserkloster
der Frühzeit in Burgund. Es
beherbergt die älteste Zisterzienserkirche und Klostergebäude, die heute noch den
Geist der Armut und Bescheidenheit ausstrahlen. Nicht
nur die abgeschiedene Lage,
auch die Zurückhaltung beim
Bauschmuck lassen heute
noch zisterziensischen Geist
erspüren.

Zisterzienserabtei Sénanque*

www.senanque.fr
Tief unten in einem abgelegenen Tal des Vaucluse-Pla-
teaus in der Provence liegt
das mittelalterliche Zisterzienserkloster mit seinen typischen schmucklosen Bauten.
Berühmt sind die Lavendelfel-
der, die auf die romanische
Klosterkirche zulaufen.

Benediktinerabtei Mont-Saint-Michel*

(heute diözesane Benedik-
tinerkommunität)
www.ot-montsaintmichel.com
Hoch auf einem Granitfelsen
inmitten einer Meeresbucht
an der Grenze zwischen Bre-
tagne und Normandie thront
die ehrwürdige Benediktinerabtei, eines der meistbe-
suchten Touristenziele Frankreichs. Auf dem Felsens sitzt
die romanische Abteikirche,
um sie herum kleben die
Klostergebäude am Berg-
hang. Besonders filigran sind
der gotische Kreuzgang und
das Refektorium.

Benediktinerabtei St-Benoît-sur-Loire*

www.fleury.abbaye.chez-
alice.fr
Nicht weit von der Loire, dem
längsten französischen Fluss
mit seinen unzähligen Schlössern liegt die alte Benediktinerabtei, die früher Fleury
hieß. In der Krypta der Abteikirche liegt ein Teil der Ge-
beine des hl. Benedikt. Zu
besichtigen ist zwar nur die
Kirche, diese lohnt aber als
eines der Hauptwerke der
französischen Romanik und
vor allem wegen der berühmten Vorhalle mit großartigen
Kapitellen auf jeden Fall den
Besuch.

Königliche Abtei Fontevraud

www.abbaye-fontevraud.fr
Außergewöhnlich war die
Konzeption der Abtei als ge-
mischtes Kloster. Die vier
Bereiche für Frauen, Männer,
Nonnen, die Lepra-Kranke
pflegten und Laienschwes-
tern sind in der Architektur
klar zu unterscheiden. Fontevraud wurde im 12. Jahrhundert Grablege der Dynastie
der Plantagenets, die eine
Zeit lang die englischen Könige stellten, später war das
Kloster besonders mit den
Bourbonen verbunden. Die
adeligen Äbtissinnen kamen
fast alle aus dieser königlichen Familie. Berühmt ist die
romanische Abteikirche mit
den englischen Königsgrä-
bern und die alte roma-
nische Klosterküche.

Benediktinerabtei Cluny

www.cluny-tourisme.com
Von dem bedeutenden Re-
formkloster des 10. und 11.
Jahrhunderts stehen zwar
heute nur noch Ruinen. Sehenswert sind sie dennoch,
zumal man sich erst vor Ort
ein Bild über die Ausmaße
der berühmten Klosterkirche
Cluny III machen kann, die
einst die größte christliche
Kirche des Abendlandes war.
Außerdem haben wie durch
ein Wunder einige Kirchen-
kapitelle die Abrissmaßnah-
men überstanden.

Abteiruine von Jumièges

www.jumieges.fr
Die schönste Ruine Frank-
reichs soll sie sein, die ehemalige Abteikirche von Jumièges in der Normandie.
Das merowingische Groß-
kloster, das im 7. Jahrhundert gegründet wurde, zeugt
heute noch mit seinen Ruinen von einstiger Größe.
Wenn die Schwalben durchs
Kirchenschiff fliegen, wird
dem Besucher erst bewusst,
wie schmal und hoch der romanische Bau damals schon
war.

Bilnachweis

Akg-images, Berlin 45, 69, 76 (Hervé Champollion)

Akg-images/Bildarchiv Monheim 124

Aus: Bildwerk zur Kirchengeschichte, hg. von Willehad P. Eckert u. a., Freiburg u. a. 1984 10

Bayrische Staatsbibliothek, München 103

Biblioteca Statale, Lucca 56

Bibliothèque Royale, Brüssel 22

Bibliothèque Sainte-Geneviève, Paris 106

Greifswald, Städtisches Museum 62

Ibrahim, Wunstorf 12

Kloster Vatopedi 152 unten

Musée du Louvre, Paris 15, 128

Musée National du Moyen Age, Paris 34

Museo del Prado, Madrid 9, 51

Picture alliance/Bildagentur Huber 2, 119, 172, 173

Picture-alliance 148

Picture-Alliance, HB Verlag 27, 67, Umschlagvorderseite links und oben rechts

Picture alliance/akg-images 53, 75 (Pirozzi), 80 (von Linden), 81 (Erich Lessing), 86 (L. M. Peter), 94, 114, 131, 137, 151, 158

Picture-alliance/dpa 17, 73, 83, 84, 91, 98, 99, 138, 167, 176, 177, Umschlagrückseite rechts

Picture-alliance/dpa/dpaweb 85, 117

Picture-alliance/epd 135

Picture-alliance/epd 168

Picture-alliance/Godong 166, 171, 179, Umschlagvorderseite oben Mitte

Picture-alliance/Helga Lade GmbH, Germany 41, 77, 78, 127

Picture-alliance/IMAGNO/ Gerhard Trumler 66, 79, 97, Umschlagvorderseite ganz unten, Umschlagrückseite links

Picture-alliance/IMAGNO/ Lois Lammerhuber 123, 174, Umschlagvorderseite Mitte

Picture-alliance/KNA-Bild 60, 89, 161, 162

Picture-alliance/OKAPIA KG, Germany 36

Picture-alliance/ZB 132

Scala, Antella (Florenz) 48, 63

Speake, Graham 152 oben

Studio Fotografico Antonio Quattrone, Florenz 110

Ullstein bild 90

Weitere Abbildungen stammen aus dem Archiv des Verlages und sind gemeinfrei. Der Verlag hat sich bemüht, alle Rechteinhaber ausfindig zu machen. Leider ist dies in einigen Fällen nicht gelungen. Berechtigte Ansprüche werden selbstverständlich im Rahmen der üblichen Vereinbarungen abgegolten.

Schnellkurs Christentum

Von Helmut Fischer

ISBN 978-3-8321-5376-2

Ein Überblick über die Geschichte des
Christentums von den Anfängen in Palästina
bis heute, von der Urgemeinde bis zu den
großen christlichen Kirchen in aller Welt.

Schnellkurs Bibel

Von Volker Neuhaus

ISBN 978-3-8321-7635-8

Das Buch der Bücher, seine historische
Entstehung und sein theologischer An-
spruch – von der Erschaffung der Welt
bis zur Apolkalyptik.

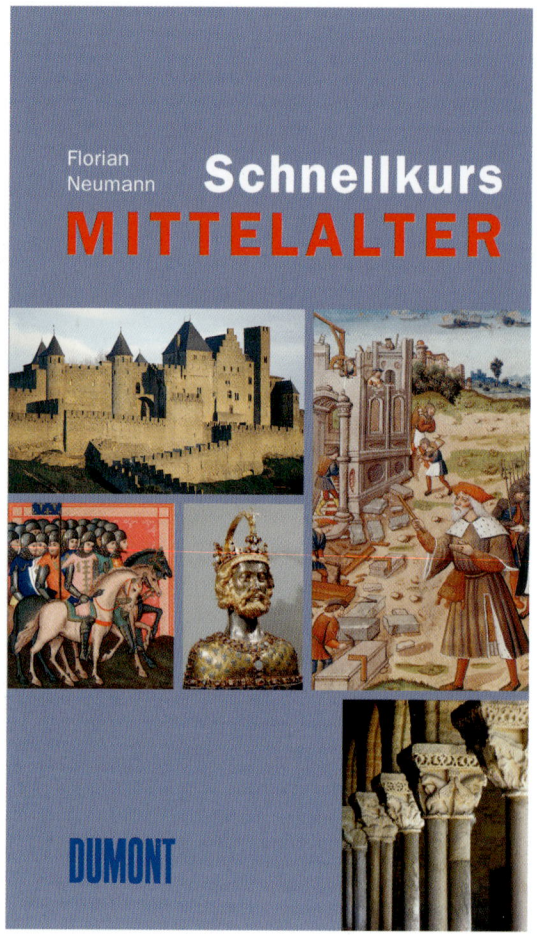

Schnellkurs Mittelalter

Von Florian Neumann

ISBN 978-3-8321-7619-5

Europa 500 bis 1500 – die politische,
religiöse und geistige Entwicklung vom
Ende des Römischen Reiches bis zum
Beginn der Renaissance.

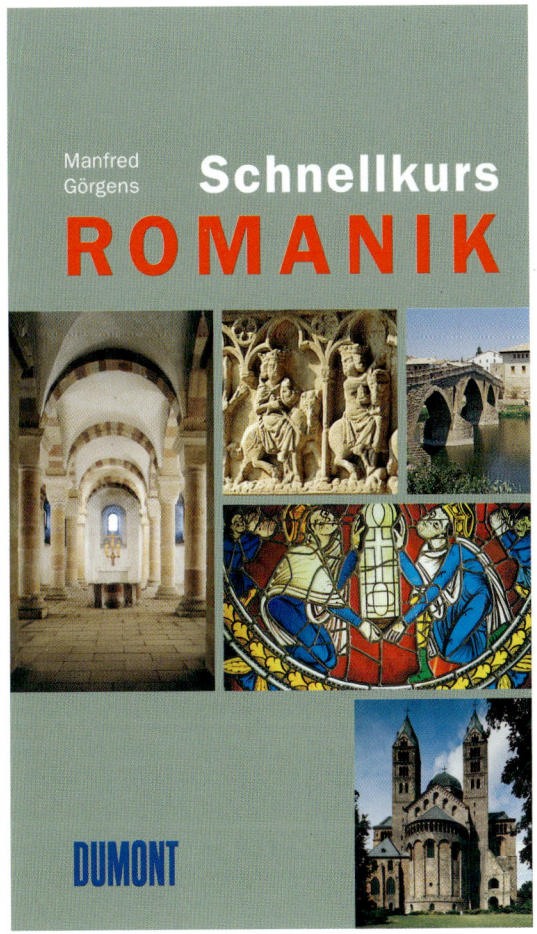

Schnellkurs Romanik

Von Manfred Görgens

ISBN 978-3-8321-7633-4

Kunst und Kultur in Europa in der
Zeit von etwa 1000 bis 1250.
Kirchen und Klöster, Burgen und Pfalzen,
Häuser von Bürgern und Bauern.